范例
100

名记者是这样炼成的

新闻写作实战范例 100 篇

里工　　杜研 编著

中国言实出版社

图书在版编目（CIP）数据

名记者是这样炼成的：新闻写作实战范例100篇 / 里工，杜研编著. -- 北京：中国言实出版社，2023.9
（"范例100"丛书）
ISBN 978-7-5171-4581-3

Ⅰ.①名… Ⅱ.①里… ②杜… Ⅲ.①新闻写作 Ⅳ.①G212.2

中国国家版本馆CIP数据核字（2023）第172990号

名记者是这样炼成的——新闻写作实战范例100篇

责任编辑：王战星
责任校对：史会美

出版发行：中国言实出版社
  地 址：北京市朝阳区北苑路180号加利大厦5号楼105室
  邮 编：100101
  编辑部：北京市海淀区花园路6号院B座6层
  邮 编：100088
  电 话：010-64924853（总编室） 010-64924716（发行部）
  网 址：www.zgyscbs.cn 电子邮箱：zgyscbs@263.net

经 销：新华书店
印 刷：徐州绪权印刷有限公司
版 次：2023年9月第1版 2023年9月第1次印刷
规 格：880毫米×1230毫米 1/32 9.875印张
字 数：160千字

定 价：58.00元
书 号：ISBN 978-7-5171-4581-3

前　言

　　这本书，是一点儿经验之谈。多年编辑、记者做下来，总会有些心得，无论是收获，抑或教训，事情做得多了，必有回响。就认认真真写下来，与诸位有志于记者行业的年轻同道分享。

　　如何成为一名好记者?

　　这并不容易。

　　要知道，当一名记者，决不是熟习书本所学，就可以轻松上阵的。做记者，要学会如何与人打交道，从而拿到第一手材料；还要有一支生花妙笔，写出来的消息要引人入胜，写出来的评论得直指人心。要做到这一切，不仅要有丰富的知识、广泛的涉猎，更需要通晓人情练达，懂得察言观色，有随机应变的机智和处变不惊的淡定。本书从实战出发，由采访技巧入手，到制作标题、锤炼导语，再到消息、通讯、特写、评论等各种体裁的写作，把多年新闻从业经验里的绝招都分享出来，无论是采访技巧，还是写作窍门，都是作者亲历的最有效、最接地气的招数。

　　细细品味书中的范例，大家就会发现，我们选取的每一篇报道和评论，都拥有着正确的"三观"，都体现着社会的公序良俗，以及捍卫公平正义的信念，而这，也是成为一名好记者的重要要素：所谓"铁肩担道义，妙手著文章"，铁肩和妙手，缺一不可。

衷心希望本书能够对年轻记者有所裨益，那将令我们倍感欣慰。

作 者
2023 年 8 月

目　录
CONTENTS

一、采访都要准备啥

1. 提速需要"预制菜"

不少记者采访完新闻，争分夺秒地写消息，累个半死不说，还总被同样抢时间的编辑催稿。

有没有提速的方法？当然有！

大家先想想读者的需求。如，网上传得沸沸扬扬，演员谁和谁恋爱了，读者关心的是：有这事儿吗？再如，国家要调整相关产业政策，汽车要降价了，读者关心的依旧是：有这事儿吗？

有，是新闻；没有，也是新闻。

读者等的，就是"有"或者"没有"这一份答案！

所以，记者在采访之前，完全可以事先调配好"预制菜"：

拿谁和谁的恋爱传闻来说，记者可以先把稿子写个大概，比如这两位娱乐圈人物的背景介绍啦、两人各自过往的感情历程啦。结尾同时做好两手准备：要是当事人承认了恋情，祝福；要是当事人否认了，这事儿就此打住——怎么样，"预制菜"料足够了吧？

再说相关产业政策调整的新闻，不管车价降不降，利弊都是明摆着的吧？那记者们就可以把相关产业背景、降与不降的利弊何在，等等，在采访之前就总结出来，调制好一份内容丰富的"预制菜"。

"预制菜"备好，围绕新闻的大量有效信息都为读者准备好了，咱就等新闻出来吧，点火，出锅！

明白了吧？等采访的时候，得到了当事人"有"或"没有"的答案后，粘贴到备好的新闻稿，也就是"预制菜"上去，立刻就形成了一篇内容翔实的重磅文章，瞬间便可以发送到客户端，最快速度地传播新闻——毕竟，现在可是新媒体时代，新闻发布的时间早晚决定着受众的多寡，抢时间就是抢流量啊！

记得有一次，坊间纷传农业领域要出新政策。农业历来牵动亿万人心，每年中央一号文件都关乎农业，所以，农业新政策的发布自然众所瞩目！恰好当晚农业农村部有个新春答谢会，众多记者获邀参加。由于当时时间已经很晚了，按部就班写新闻稿的话，绝对来不及登上第二天的版面，于是我们就用上了"预制菜"这一招：事先写好七八百字的报道，把新政策调整的背景、意义等信息一一交代清楚。然后，趁着农业农村部部长到现场打个照面、紧接着又去开会的宝贵间隙，追着大声问部长："要出新政策，有这事儿吗？"

咱换位思考，人家部长那么忙，你要是问出个"正经问题"，人家也没时间长篇累牍地回答你；再说，又不是新闻发布会，也没这义务不是。可眼看着记者就问个"有或没有"的问题，在当时招待晚宴的轻松气氛下，部长也就笑着点点头。

得，这大新闻就算抢下了！

【范例1】

今天清晨，第一艘国产航母开始海试啦！

我国首艘国产航母，也是我国的第二艘航母，于2017年4月26日下水。专家表示，相比辽宁舰，首艘国产航母从设计到建造，全部由我国自主完成，并在辽宁舰使用的经验基础上进行了多项优化，性能将有全面提升。其研制和建造，标志着我国已经掌握了建造中型航母，以及后续更大型航母的能力。

所谓海试，就是让造好的新航母到海上去进行实际试验，通俗地讲，就是"拉出去遛遛"。实际上，海试内容十分庞杂，最主要就是看看舰上各个子系统是否合格，特别是检验新装备技术的可靠性。

首先，在海试中必须对航母动力系统进行测试。动力系统高度复杂，因此要格外重视。比如说能开多快？不同的航速、航行状态下，航母能不能正常运行？在不同的海况下，航母平台的设计、建造能不能达到设计要求，等等。

　　电子武备系统也是测试重点，对于军舰来讲，电子武备系统决定了其战斗力。这个阶段的测试就不仅仅是简单的出海了，这要在一个特定的海域，这里我们说的一般是海上兵器和电子设备的试验区，在这个地方完成武器和电子设备的测试。

　　作为航母，在海试中还要格外重视航空系统，例如着舰的阻拦索能否正常运行？各种助降装置是否能够适应舰载机使用的要求？升降机的使用情况怎样，等等。

　　完成了所有的这些测试之后，这艘航母作为一个平台基本上已经可以完备地交付海军使用了。当然，在交付海军之后，还要进行后续的测试，直到完成所有测试、能够正式使用为止。

　　　　　　　　　　（《北京晨报》，2018 年 5 月 13 日）

　　【一句话点评】大新闻配上备好的"佐料"，内容丰富的快讯迅速出炉！

【范例 2】

北京获得 2022 年冬奥会举办权

　　国际奥委会第 128 次全会 7 月 31 日下午在马来

西亚吉隆坡投票决定，将 2022 年冬奥会举办权交给北京。中共中央总书记、国家主席、中央军委主席习近平致信申办冬奥会代表团表示热烈祝贺。

习近平在贺信中说，北京携手张家口获得了 2022 年第二十四届冬季奥林匹克运动会的举办权，我向你们致以热烈的祝贺。你们为申办冬奥会付出了巨大的努力。希望你们再接再厉、扎实工作，在全国各族人民大力支持下，把 2022 年冬奥会办成一届精彩、非凡、卓越的奥运盛会。

7 月 31 日傍晚，中共中央政治局常委、中央书记处书记刘云山来到北京奥林匹克公园，出席在这里举行的群众庆祝活动并发表讲话。刘云山指出，申办冬奥会是党中央、国务院作出的重大决策，是 13 亿中国人民对奥林匹克运动的又一次呼唤和拥抱，有利于促进冬季冰雪体育运动的普及发展，有利于增进与世界各国人民的了解和友谊。

在国际奥委会委员参加的不记名投票中，北京获得 44 票，赢得 2022 年冬奥会举办权。另一申办城市哈萨克斯坦的阿拉木图获得 40 票。

国际奥委会再次垂青北京，既显示了对中国经济稳步发展、社会持续进步的信心，也是对北京举办的 2008 年夏季奥运会的又一次高度肯定。中国由此成为第 9 个既举办夏奥会也举办冬奥会的国家，北京则成为全球首个荣获过冬、夏两季奥运会举办权的城市。

（中新网，2015 年 7 月 31 日）

【一句话点评】就等着奥委会主席说出"北京成功"这句话呢！

2. "粉丝心态"要杜绝

本书的例子，都是尽量选择"新鲜出炉"的当下新闻。可提到记者的"粉丝心态"，必须说一说二十多年前的"杭州之夜"，这也是我们多次和年轻记者讲述的故事，希望各位记者引以为戒。

2001 年岁末，时任某省体育局局长陈某某冲冠一怒，联合绿城足球俱乐部宋某某以及广州吉利足球俱乐部李某某，共同掀起了声势浩大的足坛揭黑运动，直指裁判受贿"吹黑哨"、球员踢假球等黑幕，引得全国舆论哗然，当时的央视、新华社等媒体"国家队"的头条都是此事，轰动一时。

也因此，陈某某、宋某某等人被誉为"因着理想主义性格而不惜壮士断腕"的勇士，去打一场自己都无法预知结果的战斗。

在陈某某、宋某某于杭州召开的新闻发布会上，气氛凝重到了极点。两人相继陈述对中国足球黑幕的痛心疾首，表达反黑除恶的信心。等到记者提问环节，拿到第一个提问资格的某青年报年轻女记者，还没说话，竟哽咽起来！良久，开始表达自己对反黑英雄的崇拜之情，举座哗然……

记住：这不是记者所为，这是粉丝行径！

什么是记者？大家可能都会说"铁肩担道义，妙手著文章"，可如何践行这句掷地有声的话语？很简单，要客观中立，要刨根问底！

这还没采访呢，记者先被采访对象感动了，"客观"二字，还能保证吗？

记者要报道的是事实，而非自己臆测的真理，不能带有偏见地站在自认为正义的一方。没错，中国足坛存在问题，可记者最忌讳先入为主啊！我们的出发点只能是事实。而为了追查出事实，不仅不能盲目相信别人，相反，还要质疑这些"英雄人物"的动机以及言论的真伪——在质疑的思辨中，新闻，才能真正深刻与立体起来。

很多重大的、争议极强的社会事件，是难以得到一个绝对客观的评判的。如何体现媒体的公正性，不至于刚愎自用地越俎代庖？这是新闻业界和学界都在思考的问题。北京某都市报曾针对重大社会新闻，专门开辟"思辨"版，将正反两方面的说辞、评论、争议公布，便是想通过提供争论双方的观点，让读者去了解全貌，避免让记者自己的情绪和偏见进入报道之中，从而杜绝有意或无意间误导和欺骗读者现象的发生。

怀揣理想的新闻人，总会自认为掌握着正确的观点。这没问题，可如何让读者相信你的"正确观点"呢？很简单，去做翔实的调查，去做大量的采访，最终让事实说话！

要想接近真相，别轻易感动，要强迫自己有点儿铁石心肠。

【范例3】

胡鑫宇家属正申请异地公安侦查，该案疑团待解

1月29日，江西铅山县致远中学的中学生胡鑫宇自2022年10月14日在校内失踪106天后，终于找到。

目前，该案仍有多个疑点仍待解答。

疑点一：遗体发现地是否被搜索过？

警方通报内容显示，遗体位置在铅山县河口镇金鸡山区域的树林中。金鸡山距离胡鑫宇生前就读的致远中学最近处，只有几十米距离，但遗体发现位置距学校多远尚未公布。

致远中学周边店铺经营人员表示，金鸡山并不是知名景点，很少有人上去。1月30日，有记者实地探访发现，穿过学校外部的废弃厂房，可直接进入金鸡山区域。该区域此前搜索痕迹明显，随处可见有灌木丛被砍伐。

疑点二：遗体发现地是否为第一现场？

警方通报显示，遗体姿态为"缢吊"。胡鑫宇自

2022年10月14日失踪到2023年1月28日遗体被发现，共106天。铅山县气象部门公开的天气预报显示，这段时间气温最高达30℃，最低-3℃也仅持续几天时间，并且在这106天时间里预告了约30场雨。

对此，铅山县公安局工作人员称，有专班在办理案件，有新消息时会发布警情通报。

疑点三：录音笔里记录了什么？

警方通报称，现场勘查过程中发现一支录音笔，已送专业机构鉴定。同时，公安机关已邀请国内权威刑事技术专家到现场参与勘验。胡鑫宇家属曾在寻人启事中称，胡鑫宇失踪后，他的电话手表、学校水卡、钱（在枕头下）均在床上，身份证在家里，录音笔和校内饭卡一同消失。胡鑫宇的母亲李女士表示，胡鑫宇的录音笔是他的哥哥帮他买的，去年十一国庆期间，胡鑫宇曾经找到哥哥，说想要一个录音笔，当时鑫宇给出的理由是，上课有听不懂的地方，可以录下来课后多听几遍，还说自己有什么感言也可以录下来。

目前，警方尚未透露遗体现场的录音笔是否与胡鑫宇此前持有的录音笔为同一个。

疑点四：事件起因是什么？

据媒体报道，2023年1月1日，警方曾与胡鑫宇家属会面。胡鑫宇家属称，警方表示胡鑫宇"可能有厌学情绪、自行出走"，但他们仍存质疑，认为没有实际证据。

1月7日的警方通报表示，经调查，胡鑫宇就读致远中学后，多科测试成绩在班级排名中下，本人曾向老师同学表示学习吃力、压力大，注意力难以集中，存在睡眠问题、休息不好，想回家。胡鑫宇曾多次在书本、笔记本上写下了失眠、失落、想回家等文字内容。

（中国日报网，2023年1月30日，节选）

【一句话点评】面对疑点重重的案件，民众可以冲动地猜测，记者必须冷静地报道。

【范例4】

对谷爱凌的理解　是一场开放性实验

6月8日，美国纽约，谷爱凌在《时代》周刊"TIME 100"人物峰会上接受主持人采访时，抛出了这个热点消息：她将成为美国盐湖城申奥大使。

这次活动中，谷爱凌回答了主持人关于她在中美之间做选择的提问。关于为何选择代表中国队参赛，她回答"从未后悔选择代表中国参赛"，并从普及运动、促进交流的角度解释了自己当初的选择。

她还称自己的决定得到了美国队的支持。

当主持人问她以后有没有可能改变决定（转而代表美国参赛时），她"成熟地"回避了这个问题。

总而言之，在中国互联网语境里，在中美紧张关系背景下，这似乎是一次敏感的、微妙的、意味深长的发言。这个新闻之所以被中国网友特别关注，背后有潜在的情绪逻辑：谷爱凌为什么要帮美国申奥？本来就有身份争议的谷爱凌，似乎通过帮美国申奥展现了她亲美的一面？她为什么不能明确表态将永远代表中国参赛？她还爱中国吗？她似乎正在远离中国，而离美国越来越近？

这些情绪完全能被理解，但我们理性看事情的维度并非如此，我们对谷爱凌所有的判断基于我们如何认清现实。

首先我们高兴于有中国运动员能够收获这样的荣誉。世界级优秀运动员被邀请担任某个国家的体育项目大使，其实是件正常的事。中国的斯诺克选手丁俊晖，曾是 2012 年伦敦奥运会申办大使；单人滑世锦赛冠军陈露曾是 2014 索契冬奥会申办大使；双人滑奥运冠军申雪/赵宏博也曾是平昌冬奥会申办大使。

当你在某个项目上成为世界顶尖选手时，你就可能受邀扮演这样的角色。这不只是个人的荣誉，也是中国体育的荣誉。注意，谷爱凌是以《时代》周刊评选的 2022 年度 100 大影响力人物之一的身份参加这次活动的，而《时代》在报道这则消息的时候，稿件的标题是 *China's Eileen Gu*（中国的谷爱凌）……

谷爱凌确实通过代表中国参赛收获了很多经济上的利益，但这也是在商业契约的你情我愿中实现的，网友没必要因为她从中获利就试图单方面赋予她过重的"国家英雄色彩负担"，事实上她个人也不会束缚于那种枷锁性的标签。

对中国体育而言，如何看待谷爱凌，反倒成了一个具有现实意义的新课题。

（凤凰网，2022 年 6 月 8 日，节选）

【一句话点评】这就是记者的工作：站在公正的视角，审视。

3. 保护自己和与人为善

记者是个存在危险的行当，别说战地记者、调查记者，就算是报道都市新闻的记者，都需要有坚强的意志和钢铁般的神经：你报道厂子售卖假货，那厂长真敢跟你拼命；你报道邻里纠纷，当事人觉得你偏向对方，掉脸儿就从派出所直奔报社讨说法！

从业几十年，拎着菜刀闯报社、几名大汉躲在胡同堵记者的情形，绝不少见。这就给记者们提出了一个重要课题：学会保护自己。

怎么保护自己？先不聊卧底采访、斗智斗勇死里逃生的情节，那是特殊的故事。咱们主要讲讲记者们最常遇到的状况：如何避免因为写稿而被骚扰，或者当被告。

一条重要的新闻纪律务必遵守：对基本事实要全面求证，让当事双方都发出声音！你报道制假贩假，就必须要采访到厂长；你报道邻里纠纷，就必须找到所谓"胡搅蛮缠"的邻居！

有一次，报社热线接到举报，北京西城区一家小企业生产假货。记者在暗访之后，并没有忽略求证环节，直接打电话给了脾气火暴的厂长。那厂长一百个不服：又是招工残疾人为国排忧解难啦，又是文化水平不高哪知道制假贩假啦，总之是理由一大堆，说急了还语带威胁。记者对报道的真实性底气十足，在心里有底的同时，也设身处地替这位厂长想：确有难处，我们可以帮着向上级反映，可这报道必须见报！

经过一番交涉和解释，这厂长明白了，记者刊登新闻之前找到自己，这是一种尊重，心气也就稍许平和。再加上我们言而有信，在报道问题之后，也着实把这家小厂的实际情况向区领导做了反映，帮着解决了部分困难，厂长后来还专门来到报社，和记者交上了朋友。

这就是问题的一体两面：保护自己，同时也要与人为善。

坦白讲，因为求证这个环节，导致当事人不满而拿掉的稿子数不胜数，但这是保护自己、尊重对方的最好方式，能让新闻人无愧于心。

而且，这一环节虽然麻烦，可往往还有奇效呢！请看下面这故事：

作为社会情绪的宣泄口，中国足协一向是新闻"产出大户"。有一次，记者在足协竞赛部等候采访对象，一位年轻比赛监督从外地回来，气鼓鼓地走进办公室，大声斥责某俱乐部官员糊涂。原来，中国足球联赛有外国球员登场人数的限制，偏偏这家俱乐部的球员流行染头发，一个个都是黄毛小子。碰巧俱乐部官员疏忽大意，多上了一名外国球员！比赛监督头一次干这活儿，一点儿经验没有，光看着一堆黄毛晃眼了，没有挨个儿核实……

几方的疏忽，造成了多上一名外援的违规事件。

听到比赛监督自己"招供"，记者心中暗喜：这可是送上门来的新闻！于是赶紧起身告辞。

"这谁啊？"关门后，记者听见里面那位年轻的比赛监督傻了眼。

"这是记者啊！一直使眼色叫你别说话，你也看不到！"竞赛部官员回复道。

记者可不管三七二十一，回报社报了选题，立刻下笔飞快，草就一篇相关新闻的报道，然后按规矩找足协竞赛部核实。竞赛部官员倒也实在，坦承失误，并声称按惯例都是内部严格处理，恳请媒体不要发表。想想也是，虽说抢到个独家新闻，可事件毕竟情有可原，且比赛监督还年轻，一旦见报，前程尽毁！于是，记者向值班副总编辑解释清楚后，撤回了选题。后来，这位比赛监督和竞赛部官员"知恩图报"，和记者成了很好的朋友，还专门告诉记者好几条大新闻呢！

你们说，与人为善是不是好处多多？

要是与人为善却没得到好处呢？那就图个问心无愧呗！毕竟，咱与人为善的目的又不是为了博好处，对不？

【范例5】

已基本查清长春长生违法生产狂犬病疫苗事实

据国务院调查组消息，长春长生公司违法违规生产狂犬病疫苗案件调查工作取得重大进展，已基本查清企业违法违规生产狂犬病疫苗的事实。

记者在现场看到，该企业的相关文件已被查封；调查组询问相关人员的书证34份，取证材料1138页，利用查获的计算机还原了实际生产记录和伪造的生产记录。公安机关已追回犯罪嫌疑人丢弃并意图损毁的60块电脑硬盘。

按照有关规定，疫苗生产应当按批准的工艺流程在一个连续的生产过程内进行。但该企业为降低成本、提高狂犬病疫苗生产成功率，违反批准的生产工艺组织生产，包括使用不同批次原液勾兑进行产品分装，对原液勾兑后进行二次浓缩和纯化处理，个别批次产品使用超过规定有效期的原液生产成品制剂，虚假标注制剂产品生产日期，生产结束后的小鼠攻毒试验改为在原液生产阶段进行。

为掩盖上述违法违规行为，企业系统地编造生产、检验记录，开具填写虚假日期的小鼠购买发票，以应付监管部门检查。

据介绍，7月6日至8日，药品监管部门对长春长生公司进行飞行检查时，发现企业违法违规生产行为，随即责令企业停产。此后，长春长生公司为掩盖事实，对内部监控录像储存卡、部分计算机硬盘进行了更换、处理，销毁相关证据。7月15日，国家药监局检查组再次进驻长春长生公司进行调查。

记者了解到，公安机关已对长春长生公司违法违规生产狂犬病疫苗案件开展立案侦查。截至25日，公安机关依法对长春长生公司董事长高某芳等16名涉嫌犯罪人员刑事拘留，冻结涉案的企业账户、个人账户。案件侦办工作正在进行中。

另据中国疾病预防控制中心不良反应监测数据，近几年注射狂犬病疫苗不良反应未见异常。长春长生公司生产的狂犬病疫苗接种后不良反应发生率为万分之0.2，未见严重不良反应。2017年我国狂犬病发病人数为 516 人，近几年呈逐年下降趋势。

（新华社，2018 年 7 月 27 日）

【一句话点评】列入 2018 年十大国内新闻的重大事件，采访细致精确，且平息了社会的担心。

【范例6】

聂树斌案再审改判无罪　国家赔偿、司法救助、追责将启动

昨天，最高人民法院第二巡回法庭对原审被告人聂树斌故意杀人、强奸妇女再审案公开宣判，宣告撤销原审判决，改判聂树斌无罪。聂树斌被执行死刑 21 年后重获清白。

1994 年 8 月 10 日上午，康孟东向公安机关报案称其女儿康某某失踪，同日下午，在石家庄市郊区孔寨村西玉米地边发现被杂草掩埋的康某某连衣裙和内裤。第二天 11 时 30 分左右，在玉米地里发现了她的尸体。经公安机关侦查，认定康某某系被聂树斌强奸杀害。河北两级法院认定聂树斌构成故意杀人罪、强奸罪。1995 年 4 月 27 日，聂树斌被执行死刑。

2005 年 1 月 17 日，另案被告人王书金自认系

聂树斌案真凶。此事经媒体报道后，引发社会关注。自2007年5月起，聂树斌的父母、姐姐向河北高院和多个部门提出申诉，认为聂树斌不是凶手，要求改判无罪。

2016年12月2日上午10点，由最高人民法院审判委员会专职委员、第二巡回法庭庭长胡云腾大法官担任审判长的五人合议庭对聂树斌案作出再审判决，认为，原判认定聂树斌犯罪的主要依据是聂树斌的有罪供述与在案其他证据印证一致。但是，综观全案，本案缺乏能够锁定聂树斌作案的客观证据。"原判据以定案的证据没有形成完整锁链，没有达到证据确实、充分的证明标准，也没有达到基本事实清楚、基本证据确凿的定罪要求。原审被告人聂树斌无罪。本判决为终审判决。"

听到终审判决，聂树斌的母亲张焕枝号啕大哭。平复情绪后在接受记者采访时表示："我很满意，我就是等的这一天，我就是要的这个结果，结果再好，毕竟我也失去儿子了，我儿子再也回不来了，我心情确实是很痛苦。结果是好的，但是这个正义来得太迟了。最高院在纠正错案上下大力度，下大决心，体现了司法改革在一步步进步，这点我体验到了。"

宣判后，合议庭表示，后续的国家赔偿、司法救助、追责等工作将依法启动。

河北高院发官方微博表示，坚决服从并执行最高法院的再审判决，谨向聂树斌的父母及其亲属表达诚挚的歉意。将根据聂树斌父母提出的国家赔偿申请，及时启动国家赔偿程序，并严格依照法律的规定，依法作出赔偿决定。河北高院将汲取此案的深刻教训，并就是否存在违法审判问题及时展开调查。

86 岁高龄的中国政法大学陈光中教授说，最高法的改判体现了疑罪从无的理念。"我认为这是要载入司法史上的一个经典的案例，而且一定会具有深远的历史的影响。"

（央广网，2016 年 12 月 3 日，节选）

【一句话点评】有一说一，面面俱到。

4.学习一点儿心理学

要想成为一名优秀记者，除了保有强烈的好奇心，拥有探究事实真相的强烈欲望，更要不断锻炼自己，掌握成为一名好记者所需要的各种技能。其中很有用的一门知识，就是心理学。

学习心理学，目的主要有两块：掌握读者心理；掌握受访者心理。

掌握读者的心理，其重要性不言自明——你得知道读者关心什么吧！给目标读者提供源源不断的精神食粮，表达读者的意愿，取得读者的信任，新闻事业才有存在的意义嘛！

而掌握受访者的心理，更具实战性。

优秀的记者，能让受访者舒舒服服，如沐春风，自然采访就顺顺当当，"猛料"十足；不开窍的记者，没准就能让受访者如坐针毡，甚至拂袖而去，自然也就采不到啥新闻。优秀的记者，善于察言观色，机警地发现问题所在；不开窍的记者，可能就是呆若木鸡，白白错过不少大新闻。

记者这行当，每天都要与各色人等打交道，有的激情洋溢，有的不苟言笑，有的色厉内荏，有的郁郁寡欢……所有这些受访者营造的壁垒，都需要记者去攻克，这是不是件有意思的事儿？一旦掌握了心理学，就能穿越迷雾，直抵受访者内心，找到想要的答案——怎么样，是不是和破案一样好玩？

说到破案，还真有个小故事。

一位记者在北京石景山拘留所里采访一个盗窃犯。因为这位犯人外表看起来老实巴交的，所以忙碌的警察也就先只顾着审讯其他惯犯，暂时没搭理他。恰巧记者正研习心理学，发现这位犯人貌似老实，可每说一句话都要摸摸脖子——按照心理学教科书上的说法，这可是说谎话的"标准动作"啊！记者赶忙找到警察，兴冲冲地汇报了这个发现！警察立刻突审，果然，这位看着老实巴交的犯人，实则可不简单，身上背着重大伤害案呢!

你说,学好心理学,都能帮警察办案了,要是把这"破案技能"应用到采访中去,是不是无往不利?

【范例 7】

姜文:不找我演戏是他们胆子太小,
要心无杂念地拍电影

不出所料,姜文再一次真诚地"怼"了记者。

姜文"怼"记者的新闻很多,屡屡让采访者骑虎难下左右为难,其实他的"怼"也不是故意和你作对,而是要消解你的问题、消解你的观点,然后三言两语说出自己的想法:看上去很随便的想法,却又非常真诚实在。

在《星球大战外传:侠盗一号》中,他和甄子丹作为两位华人演员在影片中大放异彩。记者在酒店 face to face(面对面)地采访了姜文。

记者: 您现在除了自己的电影,很少再演别的电影,怎么参与到这个项目中的?

姜文: 这么说吧,我是演员出身,他们不找我,我有什么办法?那我就自导自演。自导自演,别人就更不找我了,这事儿可不赖我,是他们胆儿小。迪斯尼和卢卡斯这帮人没这些杂念,所以就找我了。我欣赏没有杂念的导演，有杂念的导演怎么拍戏啊！

记者：这个角色哪里吸引到您了？感觉是特别man（充满阳刚气）的一个角色。

姜文：那是你觉得man，对我来说我不会挑出他的某一点。这个角色当然也吸引我，我儿子帮我看的剧本，我没看过星战。我儿子说你该去演，是个英雄。我说干吗演个英雄，他说这是一个幽默的英雄。

我说会不会戏很少，他说不会，主角是个小女孩，你也不是小女孩，他们把事儿交代完了你再出来。去年我儿子八岁，他就是这么跟我说的。我觉得他说得这么仔细，也很有说服力，我就满足了。

记者：您也是第一次参加好莱坞大制作科幻片——

姜文：那你告诉我谁是第二次呢。

记者：那您不是星战迷？

姜文：我不是说不是星战迷，而是没看过，也许我看过星战就成了迷了，这个容易带来误解。不是星战迷的人是看过也不喜欢。你的问题是？

记者：很俗的问题，但也得问：怎么看待星战系列首次出现华人面孔？

姜文：我不怎么看，我觉得是很正常的一件事儿，难道不应该这样吗？我要回答什么啊？

记者：毕竟这个电影系列植根于美国的文化……

姜文：我觉得从我开始就应该这样，过去怎样重要吗？他们以前没有是他们不对，现在有了就对了，不要再考虑。我觉得有没有不重要，反正已经有了，我真实地告诉你我的想法。这些似乎是问题的问题真不是问题，没有意义。不是说你说得不对，而是他们爱有没有吧，本来就是这样。

（界面新闻，2017年1月8日，节选）

【一句话点评】爱"怼"人就让他"怼"呗，碰撞出来好新闻才是正道。

【范例8】

BBC记者采访遭马斯克直指"不专业"

据《纽约邮报》4月12日报道，推特新老板马斯克在接受BBC记者采访时，"炮轰"该记者不专业，使得采访氛围一度紧张。

马斯克发推文说："我跟BBC说它们可以来推特，没想到它们真的就派记者来了。"

BBC所派的记者，是在科技报道领域小有名气的詹姆斯·克莱顿。采访总共进行了10多分钟，詹姆斯刚和马斯克聊完他接手推特后的感想，就直接把采访的话题转向了推特缺乏监控，导致平台上仇恨言论泛滥的问题。

这个问题一出，马斯克就有些不爽了。马斯克说："你在说什么仇恨言论？我的意思是，你在使用推特的过程中，看到仇恨言论增加了吗？"

詹姆斯回答："我个人确实在推特上看到的仇恨言论越来越多了。"

这个回答更直接惹恼了马斯克，他在接下来的回答中，直指詹姆斯不专业。马斯克问："那你能举出一个例子吗？"

詹姆斯想了半天也没有想出一个具体的例子，只能支支吾吾："老实说，实际上，我只是不很喜欢举一个例子。"

马斯克随后直言："我要的是一个例子，你一个也给不了。先生，你不知道你在说什么。你不能给我一个仇恨内容的例子，甚至一条推文都不能。然而你声称仇恨内容很多，那是假的，你只是在撒谎。"

可是詹姆斯似乎并不想罢休，继续说仇恨内容增加是很多人的感受，而不是他自己在推特上看到的。

马斯克反驳说："（如果）你真的说看过了很多不好的内容，却举不出一个例子，这太荒谬了！"马斯克还回怼詹姆斯："BBC 难道不认为自己应该对选择性报道疫情和疫苗副作用一事负有责任吗？"

詹姆斯最终被"击败"了，只好换话题聊。

（极目新闻，2023 年 4 月 13 日，节选）

【一句话点评】记者被"击败"，可受众看到了愤怒的马斯克性情的一面，这不是成功了吗？

5."贼不走空"

媒体不是个富裕的行当，因此，咱们就得考虑采访成本，在采访"正餐"的同时，时刻别忘了"搂草打兔子"。

更何况，那"兔子"没准比"正餐"还美味呢！

需要强调的是，所谓"贼不走空"，不仅仅是在采访路上紧绷着神经，不断发现新选题，更要提高要求，时刻牢记记者身份，随时随地找新闻。

某记者在参加一次文学座谈会时，因为是以作家协会会员身份到会的，没有采访任务，所以一身轻松。结果，发现著名导演曹盾赫然在列！这曹盾可是炙手可热的人物，昔日以编剧身份出道，因为担任《金粉世家》《蜗居》的编剧兼摄影而声名鹊起。后来，多才多艺的他又执起导筒，成为《九州海上牧云记》《长安十二时辰》等口碑极佳的热播剧的导演，众所期待的大银幕电影《敦煌英雄》也即将上映。

于是，本着"贼不走空"的原则，在座谈会后，该记者千方百计终于"堵"到了曹盾导演，拉着他又是一番畅聊，听这位陕西汉子踌躇满志地讲述自己执导历史剧时匠人般的执着，讲述未来拍摄明末纷争的历史、八大胡同的传奇等故事的计划。席间，更有对中国历史、人文的阐述与独到见解……

在愉快的交谈中，一篇内容翔实的专访也轻松搞定。

而能搞定的原因无他：让寻找新闻，成为一种本能。

【范例9】

古村活化、修旧如旧让爨底下村的年轻人又回来了

8月9日，经历了一场秋雨之后，夏日的炎热稍减，京西群山中的村落里，愈发凉爽。尽管不是周末，但仍在暑假中的民宿主人韩永聪，也比平时更忙，订房间的电话接连不断，各个小院里的事务接连不断。

韩永聪的民宿，建在北京市门头沟斋堂镇爨底下村。古村依山势而建，弯弯曲曲的石板路，连通了一座座传统四合院。青石为墙、灰瓦覆顶的院落，建在山坡、山谷之间。每一座四合院都打扫得干干净净，院子里挂着灯笼、油纸伞等传统手工艺品。年轻人们穿梭在一个个院落间，感受这个历经数百年却又带着现代气息的山村风貌。

在爨底下村出生、长大的韩永聪告诉记者，爨底下最早的农家乐，在 1993 年就开始营业了。也是在那以后，爨底下这个村庄开始被山外的人们所知。这里的村民们，也因此获得了比其他村更高的收入。

但旅游业的发展，并没有真正改变这个村庄。和其他村庄一样，年轻人一代代外出，只把这里当作一个假期才回来的"老家"。韩永聪也是"出走"的年轻人之一，在很长时间里，一直在旅行社工作，走遍大江南北，见过许许多多的景区村庄，他总觉得，爨底下的旅游业，无法真正支撑起一个繁荣振兴的村庄。

改变的契机发生在 2017 年，当年，北京市发布《北京城市总体规划（2016—2035 年）》（以下简称《规划》），《规划》提出，在门头沟建立京西特色历史文化旅游休闲区。随后，门头沟按照科学规划、保护风貌、传承文脉、改善民生、有机更新、适度利用的原则，制定了一系列发展规划和政策。

而其中，几乎遍布全区的古村落、古建筑，无疑是最重要的资源。韩永聪和有志于此的伙伴们，都看到了乡村振兴的机遇，在那一年，他们都回到了村里，从村里数百年的建筑开始，踏上了改变村庄的道路。

（《新京报》，2022 年 8 月 10 日，节选）

【范例10】

探访秀丽小城，让中国鲜花绽放世界！

6月15日，农视网记者跟随丰收中国万里行团队从昆明向南行走百余公里，到达杞麓湖畔的玉溪市通海县。

通海是云南面积最小、人口密度最大的县，位于云南省中南部，早在元代以前就成了滇南政治文化的中心。今天，通海依然是昆明向南通往东南亚的必经之地。尤其著名的是，1200年前建成的通海古城，至今保存得非常完好。

我们本想采访古城，却意外发现了一座60亩园区，种满了3100多个品种，全是"玫瑰"（云南当地人通常会把玫瑰和月季统称为"玫瑰"）。划重点，不是3100株，是3100种！

这地方叫天禧玫瑰园，是集种植、展示、观光为一体的鲜花基地。据介绍，这里种植的玫瑰和月季品种中有80%是全年不间断开花的。好一个四季花园！这里的花可不只是供人观赏那么简单！天禧玫瑰园背后有个和北京奥运会紧密相连的故事。北京奥运会的颁奖花束，名为"红红火火"，2007年11月8日被北京奥组委执委会确定。花束的主花由9支月季组成，鲜红夺目。中国人以"9"为至尊，代表着凝聚力与生生不息，也代表着长长久久。这鲜红的月季正是由天禧玫瑰园培育出来的，是拥有自主知识产权的月季品种，名为"中国红"。

通海县通过采取"公司＋合作社＋农户"的运作模式，带动农户参与鲜切花生产，建立起鲜切花种苗培育、生产、加工、销售的利益共享联结机制，实现了公司、合作社、农户三方的良性互动、共进双赢。

（农视网，2020年6月16日，节选）

【一句话点评】记者有一双发现美的眼睛。

二、如此提问有收获

1. 找漏洞的游戏

做人要与人为善，要设身处地替对方着想，做记者更应当如此。

可一旦进入采访环节，对不起，快把这些"温、良、恭、俭、让"放一放！受访者就是你的"对手"！他们会千方百计地掩饰自己，耍太极一般把你的尖锐提问应付过去，这是他们的本能。

而一个记者的本能，就是绝不能放过他们！

说得好像有些血雨腥风，是不是？那换一个角度：其实，记者和受访者是互相成就的关系。人都是欣赏强者的，记者提问越强悍，越能激发出受访者的"斗志"，那些连珠妙语、那些隽永佳句，都是这么来的。

如何才能"强悍提问"呢？——找漏洞！

提问，其实就是个找漏洞的游戏。采访之前，要做好功课，发现受访者的软肋在什么地方；采访的过程中，更要时刻警醒，去寻找、发现受访者的疏漏，继而发动攻击，最终收到奇效。

体育世界的传奇教练、葡萄牙人穆里尼奥，从一个翻译一跃成为拿下欧洲足球冠军杯的波尔图队主帅，从而被英超豪门切尔西老板阿布拉辛莫维奇看中，高薪挖角。穆里尼奥也不负众望，带队的第一个赛季就拿下了英超冠军！在夺冠后的新闻发布会上，穆里尼奥和记者们其乐融融，和谐相处，自然，第二天的各媒体报道版面也是平淡无奇：读者看到的，都是早就知道的，而主角穆里尼奥的个性也泯然于众人。

　　问题是，这是读者、记者乃至穆里尼奥想要的吗？

　　回到当初。

　　穆里尼奥刚刚来到切尔西时，新闻发布会充斥着角斗场般的紧张氛围：记者们一个个有备而来的尖锐问题接踵而来，并且随着穆里尼奥回答提问时露出的"破绽"而愈演愈烈！最终，在唇枪舌剑地激烈交火中，记者们指责穆里尼奥太过傲慢，"逼"着穆里尼奥说出了最经典的上任宣言："请原谅，但事实就是球队有一个顶级教练。请不要说我傲慢，但我确实是欧洲冠军，我觉得我是特殊的那一个！"

　　一言既出，皆大欢喜！记者们挖掘出了穆里尼奥内心世界的强大自信，穆里尼奥赢得了充满个人魅力的赞誉，是不是互相成就？更重要的是，读者也看到了最喜欢看的热闹，坊间有了街头巷尾热议的话题，多美妙的采访！

　　可一年后呢？冠军令穆里尼奥折服了不少记者，而记者们一旦在与受访者的心理对决中败北，失去了"挑战"的勇气，不会或者不敢刺激受访者，从而也就难有名垂青史的佳句流传。

胡诌历史居民听了直恼火，北京胡同
"黑导游"咋治？

昨天下午，记者经过帽儿胡同里的全国重点文保单位"可园"时，看到门楼戗檐上的砖雕很有特色，就举着手机拍照。见状，坐在门口的一位50多岁的男人主动过来搭话："你是来旅游的？喜欢胡同？什么叫'胡同'知道吗？这大门有什么讲究、门墩分几种听说过吗？想知道，我给你讲讲，我就住这胡同。婉容的故居知道吗？别人进不去，我可以带你进去。我带你转一个小时，就收60元。"

开始记者还以为遇到了胡同里的热心大爷，听到最后才发现是要收费的。

"门墩分几种？"记者忍不住想试试这"导游"水平怎么样，他立刻口若悬河讲了起来："门墩就两种，一种方的，一种圆的。文官家的是方的，武官家的是圆的。"

记者立刻追问："东四六条有个崇礼住宅，崇礼是大学士，为什么他们家的门墩是圆的呢？东四四条还有一个门墩，是柱状六边形的，又是怎么回事？""导游"答不上来，质问记者："你到底是干什么的?"旁边几个看热闹的人笑他:"遇到行家喽!"

记者跟福祥社区干部聊起此事,社区干部和几位居民开始大吐苦水:"从今年过完年开始,这胡同里的黑导游突然多了起来,他们满口胡说八道,还歪曲雨儿等四条胡同的腾退修缮政策,冒充本地居民,甚至趁居民院门没关时带着游客往里钻,严重扰民。"

"他们一般从北兵马司胡同里的中戏宿舍出发,穿过帽儿胡同到玉河边上,再从雨儿胡同回去。"福祥社区共建共治主任张校告诉记者。自从南锣鼓巷等片区的胡同里有了物业,每条胡同口都有保安站岗,想明目张胆骑着三轮车载客进来是不可能了,这些黑导游就改步行。

"我下班回家骑车从雨儿胡同往东走,一路上能遇到四五拨儿。他们胡说八道,听了真受不了。"张校说。

串胡同的时候,他们也不讲正史,还是明星那点事儿:什么××在这片儿住过,《还珠格格》在这儿取的景……"××住过的是交道口北三条,压根儿不是这儿。反正他们认识的明星,都能给编排上。"家住雨儿胡同的居民冀红说。最让冀红气愤的,是有的导游竟然说,南锣鼓巷东西各八条胡同,所以叫"八大胡同","编得这么离谱,太可恨了!"

"他们经常跟游客说，'我是土生土长的北京人，家原来就住这儿，你看，就这个角这儿，后来被拆迁搬走了。'"黑导游冒充胡同居民，编造歪曲腾退政策，让雨儿胡同居民杨占岭很愤怒，"他们告诉游客，雨儿胡同疏解腾退，一间房子给六七百万，走了的居民都成千万富翁。这纯属造谣！千万富翁了，他们还在这儿当黑导游？而且他们那口音，一听就不是北京人。"

为什么从今年春节以后，胡同里的黑导游多了？社区干部分析有两方面原因：一是喜欢胡同的人越来越多；二是雨儿胡同基本完成了腾退修缮，风貌、环境都得到极大提升，吸引了很多人慕名而来。

（《北京晚报》，2019 年 11 月 27 日，节选）

【一句话点评】发现漏洞穷追不舍，真相便水落石出了。

【范例 12】

专访吴京：我是一个痛并快乐着的"孙子"

搜狐娱乐：你是专门学习过做导戏吗？

吴京：没有，我没学过。我特别希望能有专业的导演来帮我，我导演并不专业，我是被赶鸭子上架。你想，对中国现代战争题材感兴趣的导演，咱们一百个先去掉九十了（笑），还剩十个。能够说花七年时间跟我一起体验生活，去部队，然后把自己所有的事情都放下。七年，不去养家糊口，跟我去闯的，去掉九个，还剩下一个。

搜狐娱乐:《泰囧》让徐峥红的时候，他调侃说，自己当导演是因为想演冯小刚的戏，但是演不上。你第二次当导演，会有来自这方面的动力吗？

吴京: 一样，向徐峥老师学习，向徐峥老师致敬（笑）。也特别恭喜他，特别羡慕他。真的，他能够做那么成功的一件事情，一个事件，特别好。最重要的还是坚持自己。

搜狐娱乐: 导演《狼牙》时，你说那个时期特别迷茫。再次做导演，是不是也因为迷茫，想转换一种在电影行业里工作的方式？

吴京: 刚才我给你说过了，我不想做导演，我希望更专业的导演来帮我。我做导演，其实一点都不专业，我没有学过导演，但是因为这样的情况下我才会赶鸭子上架。所以我没有你说的再返回来去做一些幕后的工作，我只是想多做一些属于吴京的作品。

搜狐娱乐: 也就是说你实际上对导演这个身份没有特别的兴趣？

吴京：嗯，没有，真的没有，太累了。你自己又要导演，又要去做演员，又要编剧，又要突出自己，但是作为导演又要控制整体，这是很拧巴的一件事情。再加上我又是出品人，我的性格是完全快被扭曲了，我并不想这样扭曲，更简单一些就好了，专心地做这些东西。所以，我算是开创吧，希望之后有更多的人拍这个类型的内容，这样市场才能丰富，大家才能百花齐放。

搜狐娱乐：既然觉得很累也不特别喜欢做导演，为什么还想着要拍续集？

吴京：我不见得要做导演呢。这个形象既然树立起来了，为什么不把它延续下去呢？

（搜狐网，2015 年 4 月 2 日，节选）

【一句话点评】寻找"漏洞"，也是让谈话继续的好办法。

2. 有底牌，有底气

关于采访中如何提问才能让受访人敞开心扉，各种教科书总结了很多方法，比如诱导法、追踪法、激将法、反诘法、错问法、质问法等，不一而足。刚入行的年轻记者可以多学、多掌握各种类型。不过切记，提问方法只是浮云，真正能让你在关键时刻扭转乾坤、占据主动的，就是两个字：底牌！

提问环节特像打官司，记者就如同律师，与对方始终针锋相对，在最关键的时刻亮出底牌，KO（完胜）！

因为《乘风破浪的姐姐》这档综艺节目，专访明星的记者易立竞也"乘风破浪"了一把，好评如潮。好在哪儿？好就好在能够一反"你好我好大家好"的套路，"用最淡定的语气，问出最冰冷的问题"，让那些立着迷人人设的明星们纷纷"败下阵来"。

其中的诀窍，就是掌握受访者的底牌。

所以，记者在进行采访准备工作的时候，在琢磨要问些啥的时候，一定要明确：准备的过程，就是一个找"底牌"的过程！只有拿到"底牌"，才能在采访陷入僵局，甚至被受访者掌握局面的时候，依旧镇定自若……

因为咱有撒手锏啊！

【范例 13】

财务数据遭质疑　央视记者调查三问天马科技

就在上市的前一天，天马科技公告宣布暂缓IPO，六年前"胜景山河"发行前夕被叫停IPO的事件再次重演。这次也是源于"媒体质疑"，主角换成了天马科技。那么究竟媒体质疑的点是不是真的？天马科技是否存在数据造假？它还能否重新上市？

我们的记者第一时间赶到了天马科技。

根据招股说明书披露,深圳巨力洋、厦门国贸等是天马科技的主要供应商,向天马科技出售鱼粉,可是天马在向这些供应商购买鱼粉的同时,还把鱼粉卖回给他们,而且数量不小,像2012年、2014年等年度的累计净买入甚至是负数,媒体质疑这中间是否存在利益输送。

福建省福清市天马科技副总经理:这个属于正常的贸易行为。这两个之间并不是完全对应的。应该是所有的我们水产饲料生产厂家,都存在这样的买卖行为。随着鱼粉市场的价格的波动高低。

记者:你们卖给他们的价格,比他们买的价格要低。

福建省福清市天马科技副总经理:有高有低。

记者:普遍都是比较低。

福建省福清市天马科技副总经理:不会。如果说我们做这种生意的话,那我们就是做亏本生意了。

记者:没错,你一百块钱买来,八十块钱卖给他们。

福建省福清市天马科技副总经理:这个对我们的利润有好处吗?我们是降低利润了。

记者:没有,你们一百块钱弄过来,八十块钱卖给他们。

福建省福清市天马科技副总经理：那是亏的，那不是赚的，那不是牺牲利润吗？这是很矛盾的东西。

记者：所以他们质疑你们，是不是输送利益。

福建省福清市天马科技副总经理：他们觉得我们牺牲利润？

记者：是输送利益。

福建省福清市天马科技副总经理：这个不可能的。

（央视财经，2016年11月25日，节选）

【一句话点评】手握底牌，从容道来，完胜。

【范例14】

众记者频频追问 中铁新闻发言人被问哭

"地铁坍塌原因是什么？""工程是否存在违法分包现象？"这两天，中国中铁股份有限公司新闻发言人资某某成了记者们围追堵截的重要对象。

11月15日杭州地铁坍塌事故发生后，除了紧张的抢险救援工作，对事故原因的调查也是大家关心的重点。尽管官方至今尚未披露具体原因，各大媒体记者也已经从采访中发现了蛛丝马迹。而每次的新闻发布会，成了最好的求证机会。

由于新闻发布会不设媒体提问环节，记者们抓住会前会后一切时机，进行提问。11月18日晚上，原定19：00召开的新闻发布会于19：30开始。会后，照例又是一番追逐。

"工程是否存在层层转包现象？"

"没有。"

"但我们在采访中发现有很多包工头。"

"这是你们采访发现，不是从正规渠道得到的信息。这个我不清楚。"

资某某上车后，仍有记者拉住车门不让关。

"为什么每次发布会你总要迟到半个小时？"

"我是为了给你们更确切的信息。"

回答这个问题时，资宝成显得情绪激动。车门关上时，记者看到他哭了。

截至目前，杭州地铁坍塌事故已造成8人死亡，13人失踪，最新通报称失踪人员已生还无望。

（东方网，2008年11月19日）

【一句话点评】为了搞到新闻，记者也是蛮拼的。

3.蛛丝马迹做文章

采访过程不可能一帆风顺。记者要面对有着各种性格和脾气的人，有的人善于表达、侃侃而谈，有的人不善言辞、易产生紧张情绪。要是电视记者采访的话，那么受访者面对镜头可能更会有一种焦虑感⋯⋯

这时候，就需要记者善于观察和倾听，用自己的眼睛发现蛛丝马迹，协助采访的顺利进行。

每年的 5 月 21 日，是联合国大会确定的"国际茶日"。作为世界茶叶产量最大的国家，为了促进与各国的茶文化交流，促进茶产业可持续发展，农业农村部特意主办了"大使品茶"活动。

不过记者发现，由于语言和文化背景不同，加上外事活动的诸多禁忌，参加活动的嘉宾们都很拘束，比如，萨摩亚大使和夫人品尝完中国绿茶后，除了称赞茶味清新，就没话了。这时，记者发现了大使夫人耳边佩戴的一朵颇具太平洋海岛风情的花朵，微笑着说："清新的茶香，让我们感受到了春天的气息，就像您耳边的这朵花，让我们感受到了海岛明媚的阳光。"

"是的，这是热带的植物，我们看到它就会想起家乡。"

大使夫妇的话匣子就此打开。原来，他们很喜欢中国茶，还总结了其特点：不浓烈，充满自然的芳香，微微提神。原来，他们早上还会泡杯茶，享受宁静的时光……

看到了吧，发现细节，不单能让我们拿到更多的故事，有时候，还能起到"开瓶器"的作用呢！

【范例 15】

专访聂卫平：病房里也下棋

"棋圣"聂卫平因病入院治疗的消息传出后，各地朋友、媒体电话不断，牵动着无数棋迷的心。带着棋迷们对"棋圣"的关爱，成都商报记者前天飞赴北京探望聂老。其实，聂老住院已经一个多月了。

记者见到聂卫平时，他正坐在轮椅上，他的儿子推着他朝病房走来。儿子是专程从日本回来看望父亲的。近期聂老每天下午都要做放疗，放疗的地方距离病房所在的楼有一段不小的距离，为了节省体力，聂老一般坐着轮椅过去，他的妻子、儿子、女儿轮流陪伴他。家人浓浓的关爱让聂老心情愉悦，精神也不错。

就在 8 月 17 日，聂卫平和家人一起过了自己 61 岁的生日，为此他还发了一条微博："儿子和女儿为我点燃生日蜡烛，他们很懂事，我很感动，也很欣慰。人之渐老，家有孝顺儿女，又有同事、棋迷朋友厚爱，夫复何求？"

聂老一眼认出了成都商报记者，他笑着说："你来看我，我很感谢。你可是第一个来看我的媒体记者。"聂老话中有话，因为病情被某些媒体曝光，引来各路媒体电话不断，实非他所愿，也让正在治疗中的他难以清静。

虽然瘦了不少，但聂老面色不错，只是因药物作用近期胃口不太好。不过，治疗期间的一些不适对聂老影响不大，他告诉成都商报记者，近期已经在医院附近吃了几次涮羊肉，"味道还不错，有一次还喝了点白酒，不敢喝多，只有二两。"按照医嘱，聂老目前的饮食也不用忌口，最近每天晚上他还吃点冰激凌。

聂老的病房放着一部电脑，这是他专门让家人准备的。生病住院，聂老依旧牵挂着围棋，没法亲自去赛场观棋，他就在网上看比赛直播。聂老现在是女子围棋甲级联赛队伍深圳福田队的主教练，建立一支女子围棋队参加围甲是聂老的一大心愿，如今他对麾下女棋手的围甲比赛特别关注。

网络直播时，聂老最先看的是福田队王祥云、李赫两位女棋手的比赛。电脑放在病床旁的小桌上，聂老让儿子将棋谱调出来，儿子还原一些比赛的进程，聂老坐在床上盯着电脑看，不时对棋局关键之处进行点评。李赫对阵陈一鸣那盘棋，聂老最初看觉得完全不行了，没想到最后李赫大逆转半目胜，聂老大感意外，"这输飞了的棋，还赢了，这女棋手间下棋真是天翻地覆的变化"。

（《成都商报》，2013年9月2日）

【一句话点评】轮椅、电脑……只要问了就是新闻。

【范例16】

菇棚里住着研究生
——武义菇农"游牧"追梦实录

"在嘉定种'本地菇'的，一半是武义人。"娄东村位于上海市嘉定区，6户武义菇农在村子以东扎寨，平均年龄54岁。23岁的小武（化名）眼下是这里最特别的一个。就读于北京大学深圳研究生院的他，因为疫情，正经历长得史无前例的"菇棚团聚"。

4月27日，下午两点多钟。菇棚内光线昏暗，配上嘈杂的电视机声，令人昏昏欲睡。为了省电，菇农白天不开灯。

气温攀升，塑料纸和太阳网将菇棚闷得像个大蒸笼。靠路边的一头，"门"（其实是用钢管围成的洞，塑料纸和太阳网放下来就能抵挡风雨）一律敞着，上头春联的颜色依然鲜艳。一路都能听到电视机声，很难判断是哪个棚里传出来的。

但肯定不是傅法春家。

走进他家菇棚，左边是灶具、餐具；右边用布帘围着，缝隙间透出一抹白光。帘子是用废弃的广告横幅拼成的，硕大的"抖音"标识非常抢眼。

"从来没玩过（抖音），也没时间玩。"傅法春几乎不用微信，卖菇还是收现金。每攒够2万元，他就去邮局汇一次。今年钱不好赚，邮局去得少。

布帘映出半个人影，挺得笔直，半晌不动。正是小武。

小武小时被寄养在武义新宅镇沿溪村的邻居家，其母阳任秀每月会回趟老家陪几天，留傅法春一人扛起菇棚里的活计。从武义山区老家到嘉定，坐车来回要15个小时，阳任秀一路强忍着烧心反胃。因为晕车的老毛病，她到上海这么多年，一次也没去过市中心。

"他还没读小学的时候，明明很想我在家陪着他，但从没哭闹过。"阳任秀记得，小武高中时曾倒地铁去过东方明珠塔，路上折腾了两个小时，最后却没登塔，"他说门票太贵，没意思"。后来，小武再也没有去过那里。

"考大学、考研都是他自己拿主意，我们能帮上什么忙？"傅法春记不清儿子的专业，扭头掀起帘子用方言问里面的人。

我们这才看到，帘子里那特别的"书房"。六七平方米的空间里，两张床头尾相连，用一张窄桌隔着，上面堆满了日用品。靠近门口的床上架着一张折叠桌，长宽均为半米左右。小武在桌前盘腿而坐，正对着笔记本电脑上网课。头顶上的护眼灯，以及床边的高脚桌，都是阳任秀年前从集镇淘回来的。一眼扫过去，连下脚的地方都没有，到处是摊着、堆着、塞着、挂着的杂物，床铺反而成了最"宽敞"的空间。

尽管戴着耳机，小武还是敏感地察觉到陌生人的注视，他迅速抓起一旁的枕头挡住脸。

"小时候讨厌过这里，现在嘛……更多的是感恩……跟爸妈在一起挺好。"他说，"爸妈很辛苦……"

"他们在菇棚，我在学校，我们都在努力。"小武说，累的时候，他会想想爸妈。

天色渐暗，采水菇的时间到了。傅法春狠狠吸了口嘴边的"上海"牌香烟，径直往菇棚深处走去。

跟花菇相比，上海人更喜欢吃水菇。"只有又白又嫩的水菇才能卖得起价钱，花菇可以早上采，水菇一定要在傍晚采。"阳任秀——捧起地上密密麻麻的菌棒，麻利地将收获放进篮子。傅法春忙着为菌棒"补水"，期待它们继续努力出菇。

蹲久了，腰酸了，站一站，夫妻俩不约而同，都望向那被灯光照亮的布帘。

（《金华日报》，2020年5月1日）

【一句话点评】从动作到表情，一个个细节让人物立体起来。

4. 看人下菜碟

"看人下菜碟"可不是贬义，它的意思是，要学会根据受访者的特点，有针对性地营造和谐氛围，从而愉快地进入采访。

比如某记者和颇具传奇色彩的国务院参事王海容女士交流，就着实琢磨了一番切入点。

王海容是一位优秀的外交官，更因为是毛主席的表侄孙女而为世人所知。因为这双重身份，王海容任职外交部礼宾司的时候，经常陪同毛主席参加各种国事和外交活动，当时中国所有的外交大事，只要毛主席出现，就必定会看到王海容的身影。

脾气倔强的王海容从不写涉及毛主席内容的回忆录，因此，话匣子的打开，就先从承诺开始：采访中任何涉及毛主席的内容，都不会见诸媒体！取得信任后，记者的提问，反而从回味毛主席的风采开始——对那段热火朝天历史的回顾，对青春的追索，是王海容深藏在心底的挚爱画面！于是，聊天便很容易地就此展开。

再比如采访著名钢琴家郎朗，从音乐内容介入是最直接，也是最行之有效的方法。巴赫、柴可夫斯基、肖邦三位作曲大师的经典作品各有怎样的领悟？柴可夫斯基用 12 首小品，描绘出俄罗斯一年中 12 个月的不同趣味：从 1 月温暖的炉火，到 6 月忧郁的船歌；从欢腾热烈的狂欢节，到诙谐风趣的圣诞节，柴可夫斯基用音符绘制了一幅内容多彩丰富的俄罗斯民俗与风景画，是俄罗斯浪漫主义钢琴音乐的代表作。那么，如何才能令婀娜多姿的旋律潺潺而来，驾驭作品中复杂的技法而游刃有余？如何感染到全场观众，用起伏跌宕的旋律直指浪漫主义音乐的真谛？

身为音乐"门外汉"的记者，用这些事先精心准备的内行提问，一下子就将钢琴王子拉入了采访的氛围。

明白了吧？采访之前，得做足功课，尤其要找出受访者的特点、喜好，从而找到让受访者愿意开口说话的突破口。一旦受访者开了口，记者再在关键时刻巧妙"捧哏"，后面的采访就一下顺利了。

所以请切记，要想使受访者的心态由紧张和防范，变为轻松和信任，要想使受访者的情感由冷漠和疏离，变为热情和亲近，记者们不但要仔细准备采访内容与所提问的问题，更要在题外多下功夫！

【范例 17】

冯唐："不要脸"是面对外界的态度

作家冯唐近日出版了他的"成事学"系列第三本《了不起》。在新书中，他选择了 50 本中外经典，通过解读这些经典作品来帮助大家解决人生中的七件事：生活、人情、财富、成事、修行、智慧、热爱。

澎湃新闻：这是您"成事学"系列的第三本书了，您没有把它们归为"成功学"，那么您觉得成功和成事的区别在哪里。

冯唐：成功不可复制，成事可以修行。成功与否，除了个人的努力与天赋，更大的因素是时代的便车，站在风口，天上的猪快乐地飞。风停了呢？这两年我们已经看到猪啪啪地往下掉了。成事不同，成事是训练，是修行。可以很小，小到做好一个采访、约好一个饭局；也可以很大，大到过好一生。

澎湃新闻：您在自序里说，写这套"成事学"的书，秉承了九字真言：不着急、不害怕、不要脸、"不着急""不害怕"我们都很容易理解，"不要脸"听起来有点贬义，不知道您是怎么理解这三个字的。

冯唐："不要脸"是面对外界的态度。一个人行走江湖，总是要不停地面对他人。江湖就是一个舆论场，有人笑，有人夸，有人骂。只要做事，必有小话，事情做得越多、成事越多，舆论也就越来越多。不仅八竿子打不着的人在唠叨你，你的老爸老妈也会唠叨你。这种时候，要沉住气，不要脸，别人说啥，和你无关。舆论满天飞，片叶不沾身。不要为了脸面，丢了体面。

（澎湃新闻，2022年10月12日，节选）

【一句话点评】从耸人听闻的"不要脸"切入，记者动了一番脑筋。

【范例18】

专访北大数学奇才韦东奕

"加油，欢迎来到北京大学。"近日，一条29秒的视频被各大网络平台"疯转"。之所以备受关注，不仅因为受访者为高考生加油打气本身，而是因为手提馒头和矿泉水、穿着质朴的他，脱口而出的北大助理教授身份和成绩，让不少观众"有被惊到"。

视频中的这位男子名叫韦东奕，他自我介绍为：北京大学数学系 2010 级本科生、2014 级研究生，高中数学联赛山东省冠军，拿到过数学奥林匹克金牌，也因此被保送北大。昨天上午，《齐鲁晚报》的记者采访到了韦东奕。

"你知道自己火了吗？"

面对记者的疑问，韦东奕一上来先解释："有些人也对我说过这个事，我感觉是挺奇怪的，也不知道会不会有不好的影响。"

"我并不喜欢接受采访，当时是随机碰见的。"让韦东奕感觉困扰的是，因为突然受到关注，最近有很多人联系他，有的甚至还发来邮件。"我也不知道该怎么回复，我知道什么事情只要传播出去，都可能会有不好的影响。目前别人对这件事怎么理解的，我也不知道。"

因为担任着北大助理教授，韦东奕每周给学生讲 1—2 节课。谈及自己的课程，韦东奕坦诚地说，"我也不知道他们听着怎么样，有些人说讲得还行、上课还行。"

韦东奕告诉记者，为让头脑中的"排位赛"靠前一点，他会将空调遥控器束之高阁；为了省电，他很少在宿舍里用灯。"本科的时候喜欢看电表，我会把电表当成比赛。为让宿舍里剩的电多一点、排位稍微靠前一点，就不希望用空调了。"韦东奕也解释道，由于宿舍大都四个人，当天气很热的时候，宿舍也会开空调。真正需要看东西的时候，也是要开灯的。

在韦东奕的世界中，虽说他不大喜欢和别人交流，经常自己一个人待着，但却对收音机比较感兴趣。"平时除了学习，我回宿舍后基本一直在听收音机，主要听一下新闻广播，这样就能获取更多信息。"

（《齐鲁晚报》，2021年5月31日，节选）

【一句话点评】找准切入点，"怪才"话也多。

5. 礼貌与善意

作为记者，我们"行走江湖"要懂得自重身份，在采访过程中要遵守基本礼貌与公序良俗。

啥叫基本礼貌？有些记者迫不及待、不顾一切地抢新闻，根本不懂得同情受访者。比如，身处灾难现场，面对着已受重伤、失去家园的受灾者，有些记者恨不得把话筒伸到人家脸上，问"被政府救出来，心情如何"；比如，有些记者肆无忌惮地架着"长枪大炮"，在酒店、餐厅甚至是高速公路上围追堵截明星，险象环生！

像这种只知道猎奇，毫无人文关怀，甚至不顾受访者死活的记者，能指望他们采访到什么好新闻吗？

　　职业道德是记者的灵魂，恪守职业道德，履行好神圣职责，是工作的准则、立身的基础、强壮的法宝，更是媒体生存发展的基石、做大做强的保证、创造辉煌的光源……怎么说都不过分！

　　职业道德的底线又是什么呢？很多人的答案是真实。不过，多年的实践经历告诉我们，善意远比真实更为重要。真实与否，事关一条新闻是否成立；是否心怀善意，则影响着阅读者的三观！你说哪个更重要？

　　要知道，文化产品就是有这样的影响力。比如影视剧，剧中角色的每一个选择，都体现着价值观，继而影响着观众。新闻报道也是如此啊！就比如上面提到的在灾难现场的采访，当记者身体力行地做着错误示范，如此缺少善意与同情心的情状，会给众多观众带来怎样的恶劣影响呢？

　　这是个沉重的话题，有志于新闻事业的年轻朋友们，一定要好好思考！

【范例 19】

面对歹徒，奉化女大学生用身体帮同学挡了 8 刀

　　面对凶手冰冷的刀，20 岁的宁波奉化女大学生崔译文不顾一切，用身体护住同学，不幸身中 8 刀。

一个瘦弱的女大学生为什么会奋不顾身冲上去挡刀？她给出的答案是："我是军人的孩子。如果我不冲上去，她可能会死。"

虽然事情过去一个多月了，但父亲崔宏伟依然记得3月10日22：00左右的一通电话。

"你孩子出车祸了，你们来桂林一趟吧！"

起初，崔宏伟以为碰上了骗子。他赶紧拨打女儿的电话，无人接听，不免心头一紧。

再打给崔译文的同学，对方称："出事了，学校都来了警车……"同学没有提供过多的信息，但崔宏伟隐约觉得，孩子肯定出大事了。

他辗转联系上在桂林的战友，战友很快传来消息："孩子被捅伤了，你们赶快来！"

战友到达医院的时候，崔译文还算清醒。"爸爸妈妈，你们放心吧，我还好。"说完这句话，她就昏睡过去了。

崔宏伟的朋友深夜从奉化将他们送到杭州，凌晨两点左右到达杭州萧山机场，但最早去桂林的航班是次日8点左右。这注定是一个不眠之夜。

母亲胡梅筠一遍遍问丈夫："孩子没事吧？不会有事吧？"

"会没事的，别担心！"崔宏伟安慰着。

手术后，崔译文住进了ICU。病床上的崔译文身上插满管子，到处包着纱布，脸色苍白。

"孩子的脸，就像一张白纸，毫无血色，连嘴唇都没有一点颜色。"第一次看到女儿身上的伤口，母亲一个人躲在医院的走廊抹眼泪。

见到女儿的那一刻，当兵28年的硬汉父亲也忍不住落泪。"真的是遍体鳞伤。因为做过开腹手术，从胸口到肚脐眼处有一道'7'形的伤口，看着触目惊心。"

昨天，父亲崔宏伟还和记者说起一个细节。因为崔译文受伤严重，如果没有度过危险期，可能需要做第二次开腹手术，医生用的是铁丝。拆线时，崔宏伟特意把妻子骗到外头，自己独自陪着女儿。

"女儿很坚强，两只手一直紧紧抓着床沿，连床都震动了，但她硬是没有哭，一直忍着。"和记者说起这些，崔宏伟在电话那头哽咽了，"这孩子越是懂事，越是让人心疼。"

在医院里，坚强的崔译文没有掉过一滴泪，总是笑着安慰别人。直到出院前一天，身上的纱布被拆下，这个爱美的姑娘第一次号啕大哭。"我以为自己还是以前的模样，这些伤口看起来比想象中可怕。"

现在，母亲有时候还会调侃女儿："身上这么多疤痕，以后要嫁不出去了！"

崔译文却丝毫不在意："如果他介意这些，那我就不嫁了。"

"我不冲上去，她可能会死。"她说自己是军人的孩子。

（《现代金报》，2019 年 4 月 30 日，节选）

【一句话点评】共情，才能写出真切感人的文字。

【范例 20】

三年疫情过去，高校封闭管理何时休？

4 月 1 日，中国人民大学公共管理学院教授马亮在社交媒体上抱怨，送到学校的快递，除了两家快递公司可以直接送到办公室，其他公司的快递一律要到统一集散地排队去取，一些快递公司连进入校园都没机会；外卖也是这样，只能到门口取餐，"疫情基本上过去了，为快递外卖人员办理入校很难吗？"

记者咨询了全国约 10 所位于不同地区的高校，包括厦门大学、南京大学、上海交通大学、清华大学等，除极个别高校没有任何限制措施以外，大部分高校都需要一定的入校程序，比如通过在校师生预约申请；有的则直接表示，"现在校外人士不能参观，没有办法可以进"。

近来，在社交媒体上，关于大学校园该不该对外开放的话题引发热议。3月，在一场约3.7万人参与的网络投票中，2.5万人认为应该开放。然而，所有受访的高校师生都谈到，疫情三年多以来，高校在收紧其开放权限，直到现在依然没有恢复到疫情前的状态。

一位高校教授在接受《中国新闻周刊》采访时感叹："大学校园已经封闭了三年，学者之间不怎么交流，学者与公众之间也缺乏双向互动。你知道三年会对知识的传播造成多大影响吗？"

尽管新冠疫情阴霾已逐渐散去，但高校校园开放方面，疫情带来的影响还在持续。中国人民大学经济学院教授、国家发展与战略研究院研究员聂辉华告诉《中国新闻周刊》，很多大学疫情前并没有什么针对外校人员入校的限制措施，后来要求身份证登记，也不严格；如今，即便放开管控措施已接近5个月，几乎所有大学依然严格要求校外人员通过预约才能入校。

这种规定带来的影响是具体的，就像马亮提到的校内快递问题一样。就在接受采访之前，聂辉华刚刚收到了一个闪送物品，因为不让校外人员进校，他必须自己出校门去取。但是，比起这种小事，更让他感到遗憾的是，校园不开放对知识传播造成了"巨大障碍"。

他举例说，一位教师在校内开办讲座，当然是希望听的人越多越好，尤其是对大多数领域来说，理论界与产业界的交流本就是很重要的，学者们也需要来自业界的反馈和启发。然而，现在他已不再举办讲座，因为基本听众都是校内师生，实际上与普通课堂也没什么差别。而且，假如一场讲座约100人参加，主办方难以帮助他们一一预约，更重要的是，无法为此担责。

这种后疫情时代的校园流动限制，已深刻影响到了学者们的一些行为。比如，聂辉华说，以前听说哪所学校有好的研讨会或者讲座，就会积极参加，现在"我和同事们似乎都习惯线上开会了，不太愿意出差了"。他说，因为学者们的很多校际学术交流都要涉及入校审批，可能也给活动组织方带来顾虑。

"大学本来是传播知识的中心，现在这样封闭管理，就等于大学成了本校学生学习知识的垄断机构。"他说。这位经济学教授使用他所在领域的术语进一步分析道，知识具有天然的公益性和正外部性，它应该最大程度传播，才能将其作用发挥到最大，且知识一旦创造出来，它传播和复制的边际成本几乎为零，这是它与普通商品最大的差别。

（《中国新闻周刊》，2023年4月10日，节选）

【一句话点评】急师生之所急，想民众之所想。

三、标题怎样才打眼

1. 不欺世，可媚俗

标题是新闻的眼睛，一则好新闻，如果标题制作得不精彩动人，往往会与读者失之交臂，使记者的心血付诸东流。

如何做出好标题来？牢记这六个字：不欺世，可媚俗。

所谓不欺世，指的是标题所陈述的事实要与新闻内容一致，呈现在标题里的内容，必须在新闻里边找到，不能以偏概全、货不对板，更不能"挂羊头卖狗肉"！

比如《海量食品含有添加剂，危害健康触目惊心》，标题多耸人听闻！可细看新闻，其中明明有国家食品安全风险评估中心主任的言论：国家对食品添加剂的使用采取了严格的审批管理制度，只有在工艺技术上确有必要，且经过风险评估后，那些安全可靠的食品添加剂才会批准使用。而且，对每一种食品添加剂在哪些食品里面能够用、使用量是多少，都有严格规定。在限量值内使用，好处能远远超出风险。可我们不提上述这些解释性文字，只摘出来"很多食品都有添加剂"这一能够带动大众情绪的内容，这就是以偏概全的典型。

有时候，我们还会在标题里做论断，这时更要注意以偏概全的问题。论断必须要有充分依据，必须以事实为根据，不武断，别走偏。

所谓可媚俗，就是起标题的时候，允许适当玩一玩技巧——标题的目的不就是吸引眼球嘛！毕竟，如今已经是快节奏时代了，简单明了、能让读者在最短时间内产生兴趣，是标题好坏的重要评判标准。

怎么玩技巧？

拿"借助法"举例，流行歌词、影视剧、古诗词，都为人所喜闻乐见，且耳熟能详。我们就可以借助其知名度，把其中的经典引入标题之中，让读者眼前一亮的同时迅速心领神会，甚至达到耐人寻味的效果。

江苏常州一对情侣共骑一辆自行车，女士坐在自行车杠子上，两人一边骑一边浪漫接吻，结果女士一个不小心，把脚伸进了前轮，结果不仅弄断了车前轮的钢丝，还摔断了六颗牙齿。《都市快报》的题目是"没齿难忘"，借用成语一语双关，甚是巧妙。

《钱江晚报》也有精彩标题，如"知否，知否，绿消红瘦——连阴绵雨使杭州名花展上部分花卉受损"，仿用了南宋词人李清照《如梦令》中"知否？知否？应是绿肥红瘦"的词句，既切合新闻内容，又饱含古韵——起标题，在准确的前提下，是允许咱小小卖弄一番的。

再提供几则供大家评鉴：

中国篮球明星易建联进入美国职业男篮联赛的篮网队，赛季开始一段时间，连续几场有"高光"表现。正当大家觉得阿联就此起势的时候，在一场比赛中，阿联撞伤了下巴，赛后缝了十多针，休赛数场，归期未定。对此，媒体新闻的标题是"临行密密缝　易恐迟迟归"，借助古诗，趣味十足。

中日围棋对决，中方主力常昊战胜了日本老将大竹英雄，而媒体新闻的标题是"常使英雄泪满襟"，可谓脑洞大开。

韩国教练车范根在世界杯上率队战绩不佳，被解职的车教练在接受媒体采访时表示，韩国联赛存在"假赌黑"，在韩国社会引起了轩然大波。韩国职业联盟大怒，认为车范根在"无证据情况下恶意散播不负责任言论，严重毁损了韩国职业联盟的名誉"，对其做出了禁止其在韩国执教五年的决定。可是当时深圳平安队对车范根青睐有加，双方很快达成协议，焦头烂额的车范根有了摆脱烦恼的新去处。对此，《北京青年报》消息的标题很是给力："车范根深圳找平安"。

一语双关，点赞！

【范例 21】

6 人同时在人均消费 6000 元的餐厅就餐后上吐下泻，上海静安市监局回应

（《澎湃新闻》，2023 年 4 月 8 日）

【一句话点评】人均消费 6000 元，足以吸引大众的眼光！

出版界苦"中翻中"久矣

（《北京晚报》，2022 年 8 月 24 日）

【一句话点评】短短一行，有事实有感叹，还套用"天下苦秦久矣"句式，玩得一手好技巧。

2. 别当"标题党"

我们允许从新闻中单拎出一个"劲爆点"，来做出具有轰动效应的标题。可这种选择必须顾及新闻整体，不能无中生有、颠倒黑白，故意忽视新闻事件的全貌。

一句话，别当"标题党"！

原本是一篇呼唤爱心的新闻，被网络媒体"标题党"改头换面之后，竟成了攻击"冷血医护人员"的口实！导致网络上出现了针对医院和医生的责骂声浪，让本就紧张的医患关系雪上加霜！央视《焦点访谈》栏目专门讲述了这个"标题党"的反面典型：

故事的开始源自河南《大河报》的一篇报道。

该报以"颅骨取下一年多，谁能帮她装上？"为题，报道了在河南漯河市中心医院就诊的患者凌女士，因家庭变故，缺钱进行颅骨修复手术的事情，呼吁社会爱心人士"拉她一把"。

明明是个出发点很好的公益报道，可转载的网站觉得标题不够吸引人，干脆耸人听闻呗，便改成了《病人因欠5万元手术费，颅骨被摘下，一年多无人给装上》！结果，引发了巨大的负面效应——这也太不把患者的命当回事了吧？很多读者看了网站标题之后，义愤填膺，漯河市中心医院也惹来如潮恶评："人渣医院""一点医德都没有""医院是阎王殿""没有人性"，等等，一时间，该医院成了千夫所指的对象，继而引发了对所有医院、医生的恶评。

那么，事实的真相到底如何呢？

在央视的报道中，我们看到、听到的是如下事实。

"病人当时病情十分危重，已经发生了脑疝的现象。"漯河市中心医院副院长兼神经外科主任、当时给凌女士做手术的主治医师说，"首先得拿掉颅骨，因为颅腔是个密闭的空腔，发生了脑肿胀、颅内压增高，危及生命，拿掉后缓冲了颅内压力，通过这个手段抢救病人的生命，不仅是手术的必需手段，而且由于手术的创伤，患者颅内的压力也将一直很高，所以不能很快装回去，否则会造成严重后果。"

凌女士的母亲也告诉记者，从凌女士2012年底入院，医院就一直在全力抢救。住院一个多月，因为家庭问题，凌女士的医疗费一直没及时缴上。出院后，家人陆续还清了所欠医疗费，但却没钱做第二次手术，即颅骨修复手术，一直拖了一年多。

正是在这种情况下，《大河报》记者采访当事人之后，发表了这篇呼吁献爱心的报道。据了解，《大河报》读者和网友们的爱心捐款，已经足以满足凌女士和母亲两人的生活费、医疗费，且医院负责人表示，将最大限度地为凌女士减免相关费用。

看看，如此正能量的新闻，经过"标题党"的篡改，竟成了愚弄网民的负能量消息，危害有多大！

【范例 23】

那个坐扭扭车高考的男孩，他站起来了

（人民日报微信号，2023 年 4 月 6 日）

【一句话点评】欲罢不能了。

【范例 24】

住着万名女学生的亚洲最大宿舍楼，被按下"暂停键"后

（《北京青年报》，2022 年 11 月 27 日）

【一句话点评】"万名女学生""亚洲最大"……俗，但可耐。

3. 复合标题用心良苦

单条新闻如果内容多，体量大，就用得上复合标题了。

复合标题里，主题是最主要的部分，说明最重要的事实或思想。辅助主题的有引题和副题：

引题，又名肩题、眉题，是位于主题之前的辅助性标题，主要作用是把主题引出来；

副题，又名子题，是位于主题之后的辅助性标题，主要功能是用事实对主题进行补充和解释。

下面是两条复合标题的例子：

（肩题）广告满天、低价营销、爆雷跑路，校外培训行业乱象频发

（主题）这是做教育，还是做生意？

（主题）2023 胡润全球富豪榜出炉

（副题）北京是全球十亿美元企业家之都　钟睒睒蝉联中国首富

发现啥特点没有？

主题或是披露新闻概况，或是振聋发聩地设问，负责吸引眼球；肩题和副题起到具体介绍新闻内容的作用。两相结合，相得益彰。

关于复合标题，需要提醒各位一点：别太依赖它！

有的文章体量并不长，可记者一犯懒，不愿意花时间、动脑子想出好标题，就起个面面俱到的复合标题交差。不过别忘了，一篇短短的消息，非配上个复合标题，那种"头大身子小"的感觉，可是要贻笑大方的！所以，除了篇幅较长的消息、通讯之外，能起单行题的，就一定要动脑子"死磕"，别把锅都甩给复合标题了事。

【范例 25】

网络有道义，言论有边界
—— 从严整治"自媒体"乱象

（《河南日报》，2023 年 3 月 21 日）

【一句话点评】掷地有声 + 新闻事实。

【范例 26】

1 毛钱撬动上亿元广告
—— 快递电子面单的钱这么好赚？

（《北京商报》，2022 年 11 月 1 日）

【一句话点评】肩题负责吸引，主题告知详情。

4. 评论标题宜开门见山

因为有多年负责报社头版评论专栏的经历，不得不说，写评论是个苦差事：拟定选题后，要查找大量相关信息，为了一篇不长的评论，看过的报纸经常有半人高！涉及政府部门的观点，还要采访求证……可更让人头疼的是什么？

没错，给评论起标题！

对评论标题的要求另走一路：言简意赅，少玩文采。为啥不需要文采？很简单，评论要表达言者的观点，必须让读者对言者的立场一目了然。所以，标题鲜明、生动、有趣都没问题，唯独不能拐弯抹角、炫耀文采！

起评论标题别提多费劲了！要知道，灵感所至、佳句偶得的好事儿可不会天天出现，最常见的情况是绞尽脑汁一无所获。所以，通常都是把好些标题摆到桌面上，从值班总编辑到编辑、记者，乃至拼版的工作人员，恨不得全报社的人都帮着挑挑拣拣，甚至主动献计献策，最终才磨合出一个差强人意的标题来。

起评论标题都有啥注意事项呢？

首先，别总惦记着高屋建瓴。

不少评论标题特别"高大上"，可是空洞无物，读者看不懂，怎么会有看评论内容的欲望呢？评论是匕首，是投枪，是抚慰人心的安慰剂，可要想发挥出这些作用，首先得让人家愿意看，对不？

新冠疫情乙类乙管后，餐饮业复苏，一些商家为了赚人眼球，就在店名上动起了歪脑筋。媒体嗅觉灵敏，快速做出了反应，类似《饭馆名字不能恶俗》《饭馆起名别打涉黄擦边球》，等等，都是好标题；而《饭馆起名事关社会主义精神文明建设》这个标题，就犯了大而不当的毛病，评论员就得返工了。

其次，评论标题应当容易被人记住，字数别太多。

评论的标题不能指望靠着肩题、副题介绍内容，必须短短一行题，就得把事情和观点都说清楚！如何起简短有力的评论标题？给大家讲个小窍门：

直抒胸臆：采用直接给出判断的词，比如"应""别""不能"。

例：人脸识别须保护隐私安全。

例：疫情虽过去，口罩先别摘。

肯定陈述：采用不容置疑的句式，强化语气。

例：河流变色昭示监管力度减弱。

例：请机关停车位敞开大门。

掌握这最关键的两点，评论标题的气势就出来啦！

严惩网络暴力"按键伤人"

（《人民日报》，2023 年 4 月 10 日）

【一句话点评】言简意赅。

安全是清明祭祀底线

（《法治日报》，2023 年 4 月 4 日）

【一句话点评】一个多余的字没有！

5. 新媒体，新特色

当下，各种公众号热火朝天，传统媒体也在转型，很多传统媒体的新媒体业务已经成为核心。要想在如此海量信息中，获得好的点击和浏览，就需要有对受众产生足够吸引力的标题，快速抓住受众的注意力。新媒体的标题有啥特点？我们重点说说。

第一，网络新闻的标题，没有版面限制，不怕字数多，不妨写长点儿。很多网络平台的标题排版支持折行，容纳30个字不在话下。更多的字数，给了标题容纳更多信息量的可能，需要注意的是："长"不是"全"而是"精"，要多呈现属于自己特质的信息，把亮点放大。比如《虫做一半，人做一半！这种茶被维多利亚女王视为"东方美人"》，这个标题是配合"国际茶日"的宣传推广，在春茶开采季所做的系列视频报道中的一篇，标题中特意提到了独特的工艺——"虫做一半"；给中国茶赋予了国际元素——英国的维多利亚女王；用"东方美人"这个比喻，渲染了神秘温婉的东方气息。多层次、多角度的描画，让不了解茶的人，也对这种茶产生了好奇。

第二，一些反差、对比、铺垫，甚至貌似矛盾之处，可以起到更好的传播效果。比如，《上海一墓园售天价墓地，每平方米76万元，远超市中心房价》《102岁老战士忘记自己的年龄，却记得部队番号》等，都能够增加事件本身的故事性和戏剧性，引起受众的兴趣。

第三，可以多用数字，让标题更具象。毕竟，数字在视觉上更醒目，同时精确的数据传达出的真实力量，具象而震撼，是其他信息所不具备的。《这308个名字，看得心痛》一文刊载的是2022年308名因公牺牲的民警名单。数字，给我们带来震撼，也让我们进一步想到了鲜活数字背后的鲜活生命和家庭。

第四，还可以借助权威，增加传播力。网络新闻来源鱼龙混杂，真假难辨，因此权威部门、有公信力的媒体，都是为你的新闻加分的要素，能有效增加点击率和转载量。如果够权威，那么别吝惜笔墨，把来源写进标题吧。像《自然资源部：严格防范以生态修复名义违法采矿、破坏耕地》这样的标题，真实而权威，自带流量！

第五，有些民生新闻，包括一些国家政策类新闻，应该突出其和读者的相关性、实用性，特别是利益关联。像《5月开始，这些新规与你相关》《社保新规：这些你必须知道》就是这类好标题。

最后，当然少不了用情绪调动读者共鸣。这类标题往往简短有力，不以信息量取胜，重在情绪的渲染，最明显的标志是加叹号，表达强烈的感情。类似《山河记得，我们记得！》《谢谢你，杨洪涛医生！》等就是典型。

【范例 29】

约谈！全网禁言！官方出手了

（澎湃新闻，2023 年 4 月 3 日）

【一句话点评】啥都不知道呢，就想点开看内容，对不？

泪目！一家七人奔赴抗美援朝战场，六人牺牲

（央视军事频道，2023 年 4 月 5 日）

【一句话点评】感人肺腑，期待阅读全文。

四、导语必须留住人

1. 永恒的"五个 W"

我们倡导写导语不拘一格。不过，再不拘一格的写法，新闻五要素，即 when（何时）、where（何地）、who（何人）、what（何事）以及 why（何故），也得有几个出现在导语里才行！最起码，"when"就必不可少。毕竟，读者得从导语里，对消息全貌一窥究竟呢。

导语写得好，对人、对己都有成效。

对人：作为消息的先导，精彩的导语能够通过精粹的文字，帮助读者了解消息中最主要、最新鲜的事实。如果导语含含糊糊，读者看完，都不知道这新闻到底说的是啥事，可就没兴趣往下读喽！

对己：消息的特点，是迅速、直接地向读者报告新闻事实。记者写好导语，可以帮助自己先行定位：从什么角度切入消息？具体报道什么新闻事实？怎样报道？通过消息想要表达什么思想？把这些问题搞清楚，消息的铺陈自然就顺利展开了。

可以这么说：新闻标题是点睛之笔，消息导语是内容提要。

　　不过，可得提醒一下新手们：写导语，要懂得"断舍离"。"断舍离"是一种生活态度，意思是把那些不必要、不合适、过时的东西统统断绝、舍弃，过简单清爽的生活。

　　导语也是这样。虽然没有明确的篇幅限制，但导语的基本要求摆在那儿呢：简短有力。这就要求导语不能过长和拗口。想来也是，太长的导语，很有可能就让"吸引点"淹没在纷杂繁复的文字中了，难道你要考验读者的耐心吗？所以，学会"断舍离"，用最简洁的文字写出新闻事实来！别担心会遗漏什么，你担心的那些诸如消息来源、详尽说明等等，都可以往后放！

【范例 31】

河边的救护亟须跟上

　　6 月 19 日，3 名儿童在永定河门城湖景区戏水时被水流冲走。千钧一发之际，4 名群众跳入河中救人，落水儿童全部获救，但其中一位救人者却不幸遇难。市民常去的部分"网红"河道，水情较为复杂，溺水事件频发。如何才能既满足人们的亲水需求，又能保证亲水安全？专业人士为此呼吁，救援设施和服务也该"向前一步"。

　　（《北京晚报》，2022 年 7 月 5 日）

【一句话点评】新闻要素齐全。

【范例32】

红绿灯哪能"误读"

针对近日网传的"2022年将实施红绿灯新国标",公安部交通管理科学研究所22日晚回应,不存在2022年实施的"新国标"。目前,各地在用道路交通信号灯符合现行标准,不需要进行更换。公安部及时辟谣,给陷入"新版红绿灯"焦虑的司机吃下定心丸。

(《北京晚报》,2022年8月23日)

【一句话点评】不长的导语,交代极为清楚。

2.类型不是桎梏

导语的分类五花八门,体系繁多。

有按照导语特点分类的:

直接导语。特点是开门见山、简洁明了。适合那种事实非常单纯的消息,往往只包含一条明确具体的新闻,且一句话就能说得清清楚楚。

评述型导语。特点是夹叙夹议、有述有评。这种导语对应的新闻，具有普遍性和广泛关注性，其优势在于容易引起共鸣，让读者对导语之后的"如何"以及"为何"大感兴趣。

间接导语。特点是渲染气氛，如讲故事般引人入胜，也叫作延缓性导语。这种导语通常在写作情感充沛的新闻时使用，对时效性没有强硬要求。

还有按导语作用分类的：

概括性导语。例：记者昨天从中国国家林业和草原局获悉，近期发生的强沙尘暴天气过程影响约 5.6 亿人。强沙尘暴天气过程，主要起源于蒙古国南部和中国新疆南部。（中国新闻社，2023 年 3 月 23 日）

分词式导语。例：一觉醒来，美国发生了两件戏剧性的事情：TikTok 首席执行官周受资出席美国国会听证会；特朗普和纽约检察官还在飙戏。（《北京日报》，2023 年 4 月 24 日）

同位语式导语。例：昨天晚间，中国银行、农业银行相继发布关于高级管理人员辞职的公告。中国银行公告称王纬因年龄原因辞去本行执行董事、董事会关联交易控制委员会委员及本行副行长职务，农业银行公告称张毅请求辞去本行副行长职务。（第一财经，2023 年 3 月 21 日）

引语式导语。例："我们前往泰国旅游，旅游过程中很开心，没有遇到过安全问题，也没有去过网上提到的男模餐厅。"昨天，针对泰国男模餐厅有人口失踪传闻，记者采访了网友提到的"失踪人口"、网红某某，得到了上述回答。

提问式导语。例：昨天，中共中央政治局常委、国务院总理李强在湖南调研并主持召开先进制造业发展座谈会。这是李强担任国务院总理以来，首次到地方调研。为什么总理的第一站选择了湖南？

以上只是分类法的其中两种。我们鼓励刚入行的记者了解分类法，掌握更多的细分类型。但是请记住，这样做的目的，是掌握导语的基本规律，而不是让你机械地套用！

我们希望的是：掌握基本规律，牢记"五个W"，然后就随心所欲吧，怎么精彩怎么来！

【范例33】

六一，看到了一份意想不到的儿童歌单

六一儿童节来临之际，本报通过对幼儿园家长、小学生家长的不完全调查，得到两份小朋友们最喜欢的歌曲名单。其中幼儿园小朋友喜欢的歌曲，包括动画片《奥特曼》主题曲《奇迹在线》、《西游记》主题曲《白龙马》、李凯稠的《你笑起来真好看》《听我说谢谢你》、活泼可爱的《无敌的小可爱》《甜心小宝贝》《石头剪刀布》《小跳蛙》、富有节奏感的《这条街最靓的仔》《倍儿爽》、冬奥会期间因冰墩墩而爆红的《我只是想要一只冰墩墩》，以及最近大火的《孤勇者》。而小学生们列出的歌单跟以往大众印象中的儿童歌曲有着天壤之别：《孤勇者》《和光同

尘》《一起向未来》《少年》《星辰大海》《你的答案》《破茧》《山河》《白月光》《声声慢》，排在前十的每一首都是流行音乐。

"儿歌不再是儿歌。"是音乐人薛永嘉最强烈的感受。家长亦疑惑：这些歌真的适合孩子唱吗？一首歌发行后，会被谁听到、被谁喜爱，似乎创作者、演唱者们都无法预料；一些儿童歌曲创作者们的用心之作，却未必能抵达孩子们的耳畔。儿童歌曲的创作与接受之间，存在着显而易见的错位与阻隔。

（《音乐周报》，2022 年 6 月 1 日）

【一句话点评】事实在前，疑问紧随，发人深省。

【范例 34】

坚守 12 年　梦桃圆梦　苦心人　天不负

2009 年 2 月 14 日，徐梦桃拿下了她人生中的第一个世界杯冠军；2014 年 2 月 14 日，徐梦桃在索契夺得了她人生中的第一枚冬奥会奖牌；2022 年 2 月 14 日，徐梦桃在云顶滑雪公园拿下了北京冬奥会自由式滑雪女子空中技巧冠军，成为中国该项目首位女子冬奥冠军，也为中国代表团赢下北京冬奥会的第五枚金牌，追平代表团在 2010 年温哥华冬奥会上创造的单届金牌数最多纪录。四届冬奥会，从 2010 年至 2022 年，12 年的坚守，终究换来一枚宝贵的金牌。徐梦桃说："我现在就想说一件事，请所有人都不要放弃努力……"

（《北京晚报》，2022 年 2 月 15 日）

【一句话点评】多么鼓舞人心！

3. 采访没思路，导语出不来

消息长长，要点多多，哪一个是你最想要告诉读者的？或者说，你认为哪一个才是读者最感兴趣的？

别模糊，也别贪多，就想那个你脑子里最清晰的答案！

什么？有些含糊，不确定？那对不起，你不单写不出吸引人的导语，更可能你的采访、你的消息本身都存在问题。

通常，出现这种情况，和采访思路混乱、写作时没有厘清消息内容有关。我们必须回过头，将消息重新梳理一下。比如把长篇消息分成各自独立的部分，每一部分起一个小标题，用这种方式结构消息。然后比较一下，看看究竟哪一个部分最能吸引读者——那就是你要的导语的原材料！

在采访北京冬奥会技术支持人员的时候，记者写了这样一篇消息，核心导语是：国家体育场鸟巢的地面巨型 LED 显示屏幕精彩夺目，该显示系统创造了吉尼斯世界纪录，占地面积 11000 平方米，由 4 万块 LED 屏组成，全场的地面线缆总长超过 20 千米。

这样的导语，体现不出"技术支持"的特点，而且列举的数字突出体现的只是个"大"，和技术啥的也不沾边啊！我们和记者重新整理消息，把采访内容按类别分成了三部分，并分别起了小标题，结果发现了端倪：小标题显示的三个主题分别是争分夺秒、科技创新、团结奋战，导语里的几个数字出现在"科技创新"的部分里，根本不是这部分的核心内容！

于是，我们把真正的核心内容——科技助力，写入导语，在保留有关数字细节的同时，着重提到了地面显示系统"不但是世界规模最大，而且是系统控制最复杂、可靠性最高的产品，堪称'殿堂级'水平！"一下子丰富、有力了很多。

【范例 35】

小徽章，大文化！方寸徽章尽显奥运情怀

享受奥运的方式有很多种，其中一种就是"徽章收藏"。参加过 2008 年北京奥运会的人们一定记得，运动员、工作人员、媒体记者和志愿者们都很热衷做的一件事情就是交换徽章。一枚小小的徽章不仅是参与奥运盛会的证明，更是交流奥林匹克精

神与世界文化的小窗口。农历大年初一，也是 2022
北京新闻中心对外开放的日子，记者注意到，在新
闻中心一层，专门设有"奥运徽章时空交换站"，展
示"最美北京""双奥之城""运动之美"等八个系
列的徽章，丰富多彩，五彩斑斓。

（人民网，2022 年 2 月 1 日）

【一句话点评】慧眼独具，思路清晰。

【范例 36】

冬奥少年一家三代的小号情缘

2 月 4 日晚，北京冬奥会开幕式上，小号手朱德
恩站在万众瞩目的国家体育场中，吹响一曲《我和
我的祖国》。清脆悠扬的小号声响彻五湖四海，9 岁
的朱德恩也迅速成为媒体的焦点。

（《北京日报》，2022 年 2 月 11 日）

【一句话点评】感触最深的，就是你最想写，也
肯定能写好的。

4. 弱新闻的强导语

赶上战争爆发、"9·11"事件、大地震之类的重磅新闻，导语就算写得再烂，大家也会心急火燎地往下读。可我们不是总能遇到这种重大要闻的，更多的消息都是略显平淡薄弱，让你难以明确那个"吸引点"在哪里……

别急，即使"弱新闻"，也能写出勾起读者阅读欲望的"强导语"来。

首先，想想意义。

能不能将所写的新闻事实提纲挈领，归纳总结出一些意义出来？

记者采写了一篇某老旧小区停车难的问题，导语核心是：住户反映小区停车难，记者现场走访确有其事。从导语就能看出，这篇消息过于单薄了。我们便要求记者继续采访，先了解清楚这是不是老旧小区的共性，随后打探是否有小区进行了整改的尝试，最后去采访相关部门，询问是否有整改计划以及时间表……

通过检讨导语，反过来带动了采访，最终，导语核心变为：住户反映小区停车难，政府即将全区整改。一下子就吸引了读者眼球！

其次，打动自己。

连自己都打动不了的文字，重写！

不少消息的新闻事实比较弱，就需要用有趣、富有戏剧性和人情味的材料做导语。这种导语写不好，原因就是一个：没有感同身受！大家要记住，情感这东西，是可以透过文字流淌的——读者既可以看出真情实意，也能够一眼分辨出谁在敷衍了事！

音乐高校新专业跨进蓝海

近日，在首届北美国际电影节上，上海音乐学院硕士生诺尔曼为电影《梭梭草》所作的片头曲《迁徙》荣获最佳原创音乐奖。诺尔曼的获奖不仅使人们关注到这部电影，也对她在专业音乐高校就读的电影音乐制作专业产生了好奇——电影音乐制作还要专门学吗？

（《音乐周报》，2022 年 11 月 28 日）

【一句话点评】国际获奖！必然地激发了自豪感的同时，也激发了读下去的欲望。

助残服务何时才能"私人订制"

一届圆满的冬残奥会,让世界看到了北京残疾人事业和无障碍环境建设的迅猛发展。以冬残奥会为新的起点,今后如何更加深入地推动助残服务保障的进步?近一周来,记者采访了大量残障人士,大家所想各有侧重,但方向出奇的一致——希望残疾人辅具更加凸显个性化,甚至实现助残服务保障的"私人订制"。

(《北京日报》,2022 年 3 月 16 日)

【一句话点评】普通的新闻赶上冬残奥会的风口,更加引人关注。

5. 扣子导语

评书的每一回末,说书的先生都会留"扣子",也就是设置悬念。这"扣子"可是说书先生赖以生存的手段,要没"扣子",或者"扣子"没留好,听众下次可就不来啦!

有些导语,就起到了设置悬念的"扣子"作用,不妨叫它"扣子导语"。

在组织记者进行各种类型导语的写作练习时，乃至于实际应用中，"扣子导语"都大受欢迎。为什么？原因很简单，"扣子导语"在传播信息时，具有新颖、有趣、保有期待、引发好奇等多种功效，使用起来也算简单易行。

"扣子导语"中的悬念设置，通常有下面三种方法：

提问题，勾起读者兴趣；

将人物的话语作为开场，把受众注意力转移到人物上；

把最吸引人的亮点或最关键的结果摆在开头，引导读者倒推，去了解感兴趣的信息。

诸如"全国两会官员任命，透露出什么信息？""梅西终于表态，可能率新科世界杯冠军阿根廷队访华"等等，这些核心导语都如同"扣子"一般，吸引着读者往下读全文。

"扣子"虽然重要，可也不能乱来。

有的说书先生故弄玄虚，随意设"扣子"，和要讲的压根儿不搭，后文书必然会出现混乱。比如设扣是"一阵神秘脚步声传来，酒楼中众位英雄傻了眼"，等满怀期待的听众第二天来听解扣，结果却是"脚步声传来，是小二上菜！"这么玩，也许糊弄得了一时，可下次听众是打死也不来了。

"扣子导语"的悬念设置，同理。

最后提醒一点：篇幅不长的消息，才适合这种"扣子导语"。如果是长篇消息，就要慎重采用了。毕竟，"扣子导语"一来无法涵盖长篇消息的全貌，二来"解扣"时间过长，得看到长篇消息的结尾才能明白咋回事，在如今这样的快节奏时代，读者的耐心可不会维持太久哦！

【范例 39】

装修垃圾运出小区　门道大了

远看碧水清流、近观垃圾几乎与岸坡齐平，日前，本报关于永定河岸边出现大量建筑垃圾的报道，引发广泛关注。不少业主也反映，随着二手房装修恢复，装修垃圾在小区内乱堆乱放的情况也重新出现。那么，装修垃圾究竟是怎么清运出去的？业主在处理装修垃圾时又面临怎样的困惑？记者展开追踪调查发现，从谁来清运、清运价格到如何清运，都存在标准不一的乱象，令业主困惑不已。

（《北京晚报》，2022 年 8 月 4 日）

【一句话点评】想知道怎么回事……

【范例 40】

方红霄：行走刀尖　胸中充满英雄气

方红霄，1970 年出生，湖南省岳阳市人，中共党员，中国武警十大忠诚卫士之一。1990 年入伍，现任武警云南省总队参谋长。在担负昆明火车站执勤任务的 5 年间，面对无数次复杂情况和生死考验，始终牢记忠诚卫士职责，与各类违法犯罪分子作坚决斗争，作出了突出贡献。1998 年 7 月荣获武警部队首届"中国武警十大忠诚卫士"荣誉称号。

仿佛是岁月的眷顾，46 岁的方红霄依然像年轻时一样英气勃勃。他短发平头，剑眉朗目，皮肤黝黑，说话时掷地有声，沉默时平静如海。这一切，再配上一身笔挺的绿军装，令其不怒自威，气场逼人。

这是一个被犯罪分子视为"克星"的传奇人物：在昆明火车站执勤 7 年间，先后查获海洛因、鸦片等毒品 45.3 公斤，各种枪支 41 支、子弹 2000 多发，抓获各类违法犯罪嫌疑人 1919 人。他身上的 7 处伤疤，每一处都是惊心动魄的生死见证……

这是一个被人民群众深深喜爱的英雄人物：荣获"中国青年五四奖章"、云南省"人民卫士"和首届"中国武警十大忠诚卫士"荣誉称号。1999 年，新华社发表长篇通讯《人民的忠诚卫士——方红霄》，使他成为全军全国人民学习的榜样。

岁月匆匆，昔日的缉毒英雄如今已是武警云南省总队参谋长，一名正师职领导干部。

回首来路，从普通一兵到大校警官，方红霄最大的感受是：人活着，要有一颗感恩心、一股精气神！

（新华社，2017 年 8 月 15 日）

【一句话点评】浩然正气跃然纸上，英雄故事让人期待！

五、消息写作有秘诀

1. 客观，客观，再客观

消息通常被称为新闻。"新闻"有广义、狭义之分，狭义的"新闻"指的就是消息。

消息是一种最常见的新闻形式，有的教科书把消息描述为"用简洁的语言，及时报道最新发生的真实事件"，由此可见，快和真，是消息的最重要要素，要让读者在第一时间、如身临其境般一窥事件真相。

写消息务必要客观，虽说消息的客观性，就像神秘的香格里拉仙境，你可能永远也找不到她，但是，那有着所有怀揣梦想者的坚持与期待。

从业几十年，关于消息写作"能否真正做到客观"的讨论声不绝于耳。

其实，只要消息是人写的，就逃不脱自身的立场，写作者会受到出身、认知等多方面因素的影响，怎能没有主观成分？媒体版面的安排、消息的先后次序，都是人来安排的，是把杀人越货的消息排在第一位，还是把扶老携幼的消息排在第一位？肯定有编辑的主观偏向掺杂其中啊！

抛开"能否真正做到客观"的无聊争论，记者最应该在乎的，是追求客观的欲望、实践客观的手段。

手段一：消息中，把五要素说清楚。

手段二：呈现正反两方面的意见。这一点，我们在第一章的"保护自己和与人为善"小节中提到过。很多新闻事实，帷幕重重，难以真正查个水落石出，这时候，把两方面意见都公之于众，客观公正的形象就立起来了。

手段三：把消息来源交代清楚。需要提醒的是，不能为了满足客观条件而胡编乱造，尽量别整"不愿意透露姓名的消息灵通人士"这一套，就算是真的，读者也会有所怀疑。

手段四：多使用直接引语。无论是消息本身，还是专家对事实的分析评价，最好借他人之口。如果一个采访对象告诉你，他的话一律不得引用，只能作背景材料，怎么办？对我们而言，这不是个负责任的受访者，他说的话以及观点，即使在背景材料里，也不要使用！

手段五：不能随意给新闻人物或事件命名。媒体往往会出于写作的便利、情绪的渲染、吸引读者眼球，甚至仅仅是简单的自以为是，就给事件、人物贴上标签。比如"反亚裔枪手制造惨案"，事后证明枪手也是亚裔，事件并没有种族仇恨的原因；比如"A股下探，中国股神出手抄底"——谁封的"中国股神"？

掌握好这五个手段，你写的消息，离客观就会很接近了。

【范例 41】

酒店规定引争议，一家三口能不能住标间？

近日，有网友发帖称，自己预订北京东城区某酒店的标间，办理入住时，酒店前台却称一家三口不能住在同一个标间，并表示这是行业普遍规定。

界面新闻致电帖子中提到的酒店前台，前台表示标间限住两人，三个成年人无法入住标间，可以入住家庭间。预订平台显示，双床标间的最低价格为 459 元，而家庭间的最低价格为 719 元。

实际上，行业对此并没有强制或通用规定。首旅如家酒店集团运营总监沈天红对界面新闻表示，该集团就没有相关限制入住的规定，如果客人自愿，成年子女也可以和父母一起入住标间。在法规上，房间所有入住人必须按治安要求进行登记，但并不限制入住人数。

界面新闻拨打了北京市 12315 消费者投诉举报专线，接线人员表示，经查询，并没有查到标间住宿人数限制的相关规定，对于成年子女和父母不能入住同一个标间也没有相关信息。接线人员建议，如果消费者认为酒店规定不合理，可以进行反馈。

（界面新闻，2023 年 3 月 29 日，节选）

【一句话点评】查证当事每一方，求得客观与公允。

【范例42】

北京 CBD 拆库房建公共花园

在寸土寸金的 CBD，大型库房拆除后的"黄金宝地"留下来，用于服务附近居民和上班族。朝阳区朝外街道精心规划，一座公共花园昨天落成，供居民和上班族休憩散步，了解地区的历史文脉。

林立高楼之间的三丰里公园设计精细，种植了多层次植被，成为附近居民和上班族休闲好去处。

自东二环拐进三丰路，路旁就能看到缤纷秋景。昨天下午，记者来到新落成的三丰里公园，这是一片约 4500 平方米的水滴形区域，银杏金黄，油松墨绿，崂峪苔草蓬松暄软，经冬不萎，新栽的玉兰和山桃在休养生息。园中信步者七八人，沿路走累了，还有好几处长椅可歇脚。

公园所在地从前是几座红砖仓库，始建于 20 世纪 60 年代，产权方是区属国企朝阳副食公司。雅宝路曾经是京城第一涉外商圈，这几座紧临雅宝路的仓库当时作为皮草打包站出租，后来随着产业转型而长期空置。三丰里社区党委书记迟黎明介绍，破旧的库房不仅与环境并不协调，有些闲置小屋里还堆放着劈柴、塑料布，存在一定的安全隐患。2017年，朝阳副食公司决定拆除库房，开启环境整治。

朝外位于CBD，寸地寸金。这块地如果建成写字楼每年能创造上千万元收入，也曾有好几批客商前来考察商谈，可朝外街道和产权方都婉拒了他们。"辖区已有几十栋写字楼和商场，人多车多，交通本就拥挤。按照市区的规划，城市已经到了减量发展的新阶段，'聚'的老路不能再走了。"朝外街道办相关负责人表示，"好不容易腾出来的地儿，得科学规划、长远规划。"

家门口的土地要做什么，居民也相当关心。经过多次协商，最后大家一致认为：老小区缺林少绿，商圈也需要清新生态，建设一座公共花园，大家都能受益。综合各方建议，朝阳区将该地块的土地性质从建设用地调整为绿化用地，用于留白增绿。

今年初，公园启动建设，以"朝夕间，乐悠里"为主题，打造服务全龄化全职业的全时性公共空间。公园不大，设计上却极尽精细，堪称"螺蛳壳里做道场"。记者看到，公园与居民楼之间修建了错落式挡墙，凹进去的地方内嵌了垃圾桶、快递箱等设施，既保障通行空间的完整，又非常实用。一面历史文化墙记录着朝外深厚的文脉，站在墙边，可远眺建外 SOHO 的独特建筑。

地块的改建设计还要兼顾民生发展。紧邻公园的三丰里社区开展了老旧小区改造，包括 10 栋楼节能改造、4 栋楼楼体粉刷、地下管线改造和公共区域环境整治，改造面积 7.3 万平方米、惠及居民 1161 户，使得楼体的颜色风格与公园协调一致。

公园与悠唐购物中心隔街相望，今后将采取共建共管的养护模式。"悠唐所属的兆泰集团，每天会安排 5 名保洁员打扫公园环境，2 名保安员负责日常巡视和劝导不文明行为。"朝外街道办相关负责人说。

（《北京日报》，2022 年 11 月 3 日）

【一句话点评】事情说得一清二楚！

2. 牢牢抓住细节

"当地时间 2023 年 3 月 27 日，美国田纳西州纳什维尔一所小学发生枪击事件，目前已导致 6 人死亡，震惊全美。随后，枪手被赶到现场的警方击毙。消防部门发言人肯德拉·洛尼表示，当局曾试图通过救生手段，救助'有生命迹象'的受害者，但他们都没有活下来。当地时间周一下午，警方确认遇难者为三名 9 岁的儿童、两名 61 岁的成年人以及一名 60 岁的成年人。报道指出,这是自去年得州校园枪击案以来,最致命的一场校园枪击案。"

这是《红星新闻》对美国一起校园枪击案的报道,触目惊心的惨剧透过这些细节、数字,呈现在受众面前……这,就是细节的力量。

消息无论长短,一旦关照好细节,整条消息立刻灵动起来。那么,怎样才能捕捉到细节呢?咱们借助中华文化的瑰宝——中医的术语,用"望、闻、问、切"四字诀试试看。

望,是观察。

采访一位军旅人物时,营房床边桌上摆放着的照片引起了记者注意,画面中主人公携妻女其乐融融的影像,让人对主人公的情感平添几分好奇。从这一细节入手,很容易体现出消息要素里"人、事、情"的关联,足以为一篇可能略显枯燥的消息增色不少。

闻,是打听。

有的受访者内敛、木讷,实际上,身上的精彩故事多着呢!比如采访一位五四青年奖章获得者,主人公虽说憨厚少言,可记者走访他的周边时,他媳妇可是喋喋不休,聊天时把老公称作"大忽悠"——净许诺带媳妇去这儿去那儿玩了,实际上屡屡因为临时加班爽约。记者便盯住这事儿没完,主人公对媳妇也是满含愧疚,表示一定要和领导讲清楚,下次假期绝不加班,只陪媳妇!

这一番打听，生动的细节跃然纸上。

问，是追问。

很多受访者很能"替记者着想"，他会揣测记者需要什么样的回答，然后提供标准答案。我们要做的，是拒绝木偶式的一问一答，去挖掘受访者内心深处的想法！也许那想法不精致、不完美，可那才是真正的闪光点。

切，是掌控全局。

等我们通过望、闻、问的手段，对采访对象和事件有了深度挖掘之后，肯定会发现新故事、新材料。这时候，"切"就该闪亮登场了：是否采用这些新故事？有没有必要进行跟踪报道和追踪采访？如何筛选和提炼？通过这一番把脉、复盘，你的消息就可以动笔了。

【范例43】

"一鸽都不能少"背后：排练时一次真掉队
成就开幕式温馨瞬间

北京冬奥会开幕式惊艳世界，其中和平鸽展示环节的一个细节戳中了许多人的心：一只"小鸽子"掉队了，另外一只"小鸽子"从队伍里跑出来，把掉队的"小鸽子"拉进队伍中。

2月5日，记者通过视频采访了这只掉队的"小鸽子"——海淀区实验小学四年级的徐书元同学，原来开幕式上这温馨的一幕就是来自她排练中的一次真实"掉队"。

徐书元是参与表演的学生中年纪较小的，刚刚在封闭期间过完 10 岁生日。那次是第五次彩排，在鸟巢，现场非常宏大，当时徐书元的位置是"小鸽子"们组成的桃心顶端的"小尖尖"上。但是表演中徐书元掉队了，找不到应该站到哪儿，不断地在寻找，还是他们组团的一位小姐姐跑出来把她拉到正确的位置上。

每场排练的录像导演组都会看，这段视频让张艺谋导演以及和平鸽环节分场导演田浩都非常激动，觉得这个点非常温暖、幸福，最终把这个细节加入整个表演中，在开幕式上才有了这样的呈现方式，也更好地诠释了"更快、更高、更强、更团结"的奥林匹克格言。

记者了解到，海淀区实验小学有 46 名三至六年级的小学生参与了这个节目，其中 42 名学生上场了。和平鸽的节目其实前后经历了六七个版本的调整和优化，每次导演组有了新的想法，都是由海淀区实验小学的学生进行试练、试排，孩子们也都出色地完成了任务。

"小鸽子"之一的杜卡妮是六年级的学生，她说，站在鸟巢的舞台，非常激动兴奋，但是真的表演起来很享受、很自由，还有些浪漫。虽然在北京冬奥村综合诊所进行医疗保障的妈妈没有看到她的脸，但是他们所有的人都将最精彩的一面展现给观众，共同完成了精彩的演出。

海淀区实验小学在孩子们的生活保障方面也做了很多工作，运动服、棉背心、大小羽绒服、热水杯、暖宝宝等，给参与表演的孩子们全部配齐，还配备了8名老师和学生一起去现场，前后4个月训练下来没有一个孩子掉队，也体现了"一个都不能少"的理念。

采访的最后，徐书元小朋友说："愿天下所有掉队的'小鸽子'都能找到回家的路！"

（北京日报客户端，2022年2月5日）

【一句话点评】数字让新闻更生动。

【范例44】

嫦娥五号实现月面软着陆

中国嫦娥五号月球探测器在太空中飞行一周后，肩负"落月挖土"重任的着陆器和上升器组合体于12月1日深夜历经主动减速、快速调整、接近、悬停避障、缓速下降和自由下落等步骤后，成功实施在月面预定区域的软着陆。《环球时报》记者了解到，这意味着中国迄今为止最复杂、难度最大的探月任务——嫦娥五号任务月面采样作业即将拉开帷幕，后续任务将开创中国航天史上的多个首次。

"稳稳地落月"如何完成

12月1日23时11分，嫦娥五号探测器成功着陆在月球正面西经51.8度、北纬43.1度附近的预选着陆区，并传回着陆影像图。

12月1日22时57分，嫦娥五号着陆器和上升器组合体从距离月面约15公里处开始实施动力下降，7500牛变推力发动机开机，逐步将探测器相对月球速度从约每秒1.7公里降为零。期间，探测器进行快速姿态调整，逐渐接近月表。此后进行障碍自动检测，选定着陆点后，开始避障下降和缓速垂直下降，平稳着陆于月球正面风暴洋的吕姆克山脉以北地区。着陆过程中，着陆器配置的降落相机拍摄了着陆区域影像图。

嫦娥五号探测器抓总研制单位航天科技集团五院详细介绍了整个着陆过程。它先是利用大推力反向制动快速减速，然后快速调整姿态并对预定落区地形进行拍照识别，避开大的障碍，实现"粗避障"，然后组合体在飞到距离月面100米时悬停，并再次对选定区域进行精确拍照，实现"精避障"，之后再斜向下飘向选定的着陆点，在移动到着陆点正上方之后开始竖直下降，到距离月面较近时关闭发动机，然后利用着陆腿的缓冲实现软着陆。

保证落月的几大神器

嫦娥五号任务的落月和近月制动一样，都只有一次机会，必须一次成功。由于涉及采样后上升器的月面起飞，嫦娥五号的落月过程也是在为上升器的后续月面起飞选择"发射场"。因此相较于此前落月的嫦娥三号和嫦娥四号，嫦娥五号对于着陆点的位置精度和平整度要求之高是空前的，需要着陆区域内无太高的凸起、无太深的凹坑，坡度也要符合任务要求。

由于嫦娥五号着陆器和上升器组合体在落月时，撞击月面会形成冲击，为保证探测器不翻倒、不陷落，就需要稳定可靠的着陆缓冲机构，也就是嫦娥五号的"腿"。这4条集缓冲、支撑于一体的"腿"来自嫦娥三号和嫦娥四号的完美基因，但因为本次任务难度增加，嫦娥五号的着陆缓冲能力要求提高30%，但机构重量指标却减少了5%。

落月过程中还有两个非常精妙的设计。表面上看，降落过程中"干活"的是着陆器，它"背着"的上升器似乎没有发挥作用，但着陆器其实一直在借助上升器的"外脑"和"外眼"，即上升器从月面起飞时要用的"最强大脑"——中央控制计算机和通过"看星星"确定自己姿态的星敏感器。这种借助"外力"的方法，避免了在着陆器和上升器上同时安装两套系统，既节约成本又减轻重量。其次，由于距离月面较近时，主发动机激起的月尘会污染星敏感器，可能影响上升器从月面起飞，所以技术人员专门设计了盖子，在距离月面一定高度时把星敏感器的镜头盖起来。利用"天黑请闭眼"的这种设计，星敏感器一直要等到落月后月尘散去再把盖子打开。这"一睁一闭"之间，着陆器和上升器组合体已经顺利着陆在月亮之上了。

"五姑娘"落月意义有多重大

在嫦娥五号任务之前，它的"三姐""四姐"都曾成功在月面实施软着陆。嫦娥三号实现我国首次地外天体软着陆和巡视探测，嫦娥四号成功登陆月背，成为人类历史上首个在月球背面软着陆和巡视探测的航天器，至今状态良好。专家介绍说，相比两位"姐姐"，嫦娥五号落月的几大特点凸显了此次任务的重大意义。

首先是降落区域不同。据国家航天局介绍，嫦娥五号任务的采样区域是在月球正面风暴洋西北部。为什么要将风暴洋西北部作为着陆与采样作业区域呢？航天科技集团五院嫦娥五号探测器系统副总设计师彭兢介绍称，嫦娥五号任务的着陆地点过去还没有人类探测器去过。科学家根据目前的研究成果，认为这块区域形成的地质年代比较年轻，如果能将这块区域的样品带回实验室进行分析，能够帮助人类更好地认识月球形成过程。彭兢称，选择在风暴洋西北部采样也有从工程实现角度来考虑的因素。

长期报道中国航天的资深科技记者余建斌对记者表示，嫦娥五号的着陆点和嫦娥三号的月球虹湾着陆点纬度基本相当。采样点的月球纬度高低会影响太阳光照强度、能量保障、温度，这涉及探测器的热控制。在月面着陆区域，上升器上升后要跟轨道器、返回器组合体在月球轨道对接，通过月球着陆区经纬度的选择，尽量和轨道器所在的太空轨道面一致，有助于减少燃料消耗。

完成月面软着陆之后，着陆器在地面控制下，进行了太阳翼和定向天线展开等状态检查与设置工作。随后着陆器和上升器组合体将利用机械臂表取和钻地钻取两种方法开始采样作业，采样量约两公斤，月面工作时间约两天。

（《环球时报》，2020年12月2日，节选）

【一句话点评】一堂生动的、细节满满的科普课。

3. "快"和"多"

当下，媒体竞争如此激烈，凭什么让读者看你写的消息呢？

无他，写作之功夫，唯"快"和"多"不破。

快，指要保证消息的时效性，务必动作要快，采访、写作都别磨叽。

虽说如今依旧有希望"慢思考"的读者，可承认吧，在移动互联网时代，能每天集中看新闻的时间已经较少了。你的消息早出现在手机媒体一分钟甚至一秒钟，都会赢得比竞争对手多得多的流量。耸人听闻？想一想地铁、公交乃至餐馆里、马路上，那些低头无语、不停滑动手机屏幕的年轻人吧！

多，指容量要大，要提高消息的"含金量"。

所谓容量，既有内涵，也有外延。内涵就是为读者传递完整的消息内容、尽可能多的信息，供读者了解新闻全貌、判断事发原因；外延就是除了新闻价值，还要有文化价值，让读者体会到思想的力量。

怎样做到写消息既"快"又"多"？

虚着说，这是对记者职业素养的综合考量，包括对新闻的敏感、写作技巧的熟练、雷厉风行的做派，还有资料储备的丰富。

实着说，有些"临阵磨枪"的办法，不妨一试：

消息不要长，删节的时候，仔细检查每一句话，如果没有承载有效信息，拿掉它！

多用定语，增加信息量。比如"被称为天才少女的 18 岁中美混血谷爱凌，在家乡举行的冬奥会上夺得第一枚金牌"。

使用白描手法，粗线条勾勒面貌，寥寥数笔描摹出人物、场面特点。例子可参见古龙武侠小说。

【范例 45】

"菜还没吃完"，超市抢菜后听北京疫情发布会的当事人找到了！

"即便发布会上'全北京静默三天'辟谣了，但我还是有结账……"5 月 15 日，北京市民张先生在自己的社交平台账户上调侃道。5 月 12 日，一则"北京封城、静默三天"的谣言发酵传播，引发众多市民"抢菜"，张先生便是其中之一。当天下午，张先生在超市一边排队等结账，一边举着手机听疫情发布会的背影被他人拍下并广泛流传，成为这则涉疫谣言负面影响的一个注脚。

"12 号那天抢的菜今天还没吃完呢，有些分给了亲友。"家住朝阳区的张先生向记者回忆道，5 月 12 日下午 4 点左右，正在居家办公的他在微信群里看到了一则"紧急通知"，称"今天下午发布会要求北京未来三天静默，全市暂停外卖和快递等服务，请大家尽快准备未来三天的物资"，"好友也给我发来了类似的通知，我没多想就出门买菜了"。

下午4点半左右，张先生来到家附近的一家大型超市，"当时已经开始限流，第一次看到这家超市人这么多，我排了5分钟才进去，里面人很多，大家都在忙着抢购蔬菜等生鲜物资"。

因为那则"紧急通知"，一种不安的情绪在超市里蔓延。不多会儿，张先生购物车上的两个购物筐就装得满满当当，除了果蔬，还有速冻水饺、牛奶、面包等食材，他一下子抢购了三四天的储备量，一共花了400多元。

张先生来到收银台时，结账的人已经排起长队。虽然超市近10条结账通道全部开启，但每个通道仍排着十多个顾客。此时，北京市新型冠状病毒肺炎疫情防控工作第332场新闻发布会正在进行。

"当时拿着手机听发布会并不是决定要不要结账，而是出于对疫情信息的关注，这也是很多人的习惯，我看到也有其他几名顾客在看发布会。"张先生说，在他排队结账的半个多小时里，没有一人像网上流传的那样，是谣言就扔下东西不结账走人，"大家都在有序排队，结账离开"。

虽然自己被偷拍的照片被广泛传播，还附上了主观臆断的文字，但张先生很大度，"疫情期间，大家情绪容易紧张，如果我这个插曲能让大家乐一乐，也没什么关系"。

（北京日报客户端，2022 年 5 月 16 日）

【一句话点评】你先找到他，好新闻就归你！

【范例 46】

勒布朗·詹姆斯打破 NBA 历史得分纪录

美职篮（NBA）洛杉矶湖人队球星勒布朗·詹姆斯 7 日在对阵俄克拉何马雷霆队的比赛中，于比赛进行到第三节时，以一记中投打破 NBA 历史得分纪录。

本场比赛詹姆斯逐渐进入状态，首节拿下 8 分，次节拿下 12 分，并在第三节即将结束前再得 16 分，从而使自己的 NBA 总得分达到 38388 分，创造了新纪录。

原纪录由 NBA 传奇球星贾巴尔保持。贾巴尔于 1984 年 4 月 5 日打破了张伯伦保持的得分纪录。贾巴尔 1989 年退役，在他 20 年的 NBA 职业生涯中共拿下了 38387 分。

詹姆斯打破 NBA 历史得分纪录的一刻，比赛暂停，现场观赛的贾巴尔将一只篮球交到詹姆斯手中。詹姆斯现场发表短暂感言，含泪感谢了家人、球迷和朋友多年来对他的支持。

　　詹姆斯生于 1984 年 12 月 30 日，2003 年以选秀状元身份加入 NBA，曾先后效力于克利夫兰骑士队、迈阿密热火队和洛杉矶湖人队。他在迄今为止的职业生涯中共获得过 4 次 NBA 总冠军、4 次 NBA 常规赛最有价值球员，19 次入选 NBA 全明星阵容。他还获得过两枚奥运会金牌。

　　詹姆斯尽管已 38 岁，但本赛季仍保持着场均 30分、8.5 个篮板和 7.1 次助攻的超级球星表现，被认为是最出色的现役球员之一。

（新华社，2023 年 2 月 8 日）

【一句话点评】消息很短，可料给得真足！

4. 争做本领域的专家

　　领域内的资深记者，因为对消息的背景、渊源、未来前景乃至周边花絮了如指掌，因此，在消息写作中，或边叙边评，或夹叙夹议，这便是"述评消息"。"述评消息"是增加信息量的有益之举，非常值得鼓励。

当然，作为非专业评论员的记者，写"述评消息"时，难免有急于求成的心态。所以，我们需要注意，评论部分要紧扣新闻事实，分析要透彻，不能离开事实空发议论——对事实的深度掌握是记者优势所在，如果评论的部分不接地气，过度拔高，那不是你的专长。

2023 年 3 月 27 日，俄罗斯指挥大师捷杰耶夫率马林斯基交响乐团，重登国家大剧院的舞台。中国乐迷最熟悉的"姐夫"，挥动着他那标志性的"牙签"指挥棒，携手乐团，先后奏响了普罗科菲耶夫《第一交响曲》、里姆斯基－科萨科夫交响组曲《天方夜谭》和柴可夫斯基《第六交响曲》。全场俄罗斯作曲巨匠集中呈现，纯正俄式之音让现场观众大饱耳福。

这是一篇乐坛的重要新闻。但这样一支国际顶级乐团重回大剧院舞台，其意义绝不仅仅在乐坛层面，更有深远的文化内涵：这是响应中俄两国联合声明的文化交流互鉴，更是北京推进全国文化中心和国际交往中心功能建设的举措，同时，它也是新冠疫情结束后的海外交流计划。此后，国家大剧院的舞台还将迎来鲁道夫·布赫宾德、波格莱里奇、斯蒂芬·科瓦切维奇、爱丽丝·纱良·奥特等众多名家！

是不是值得来一篇头条级别的"述评消息"？

意识到这一点，我们便帮助这位跑文化领域的记者确立了写作思路，不仅仅从音乐角度，更从文化之都建设等多个层面去阐释这条消息的意义。

最终，一篇远远超越单一音乐层面的述评消息写就了。

当然，它得益于该记者对文化领域的熟悉、人脉的广阔——所以，记者成为本领域的专家，写起述评消息来，自然纵横捭阖。

李某涉嫌严重违法，为何是监察机关办案？

随着湖北省纪委监委的一则通报，李某成为首名被查的中国男足主教练。关于他身上的种种争议，将在调查结束后有一个定论。

与此同时，通报中"李某接受监察调查"的表述引起了一些疑惑：作为体育界人士，李某为何要"接受监察调查"？监察机关对国足原主教练是否有监督职权？

北京师范大学国际反腐败教育与研究中心主任、中国廉政法制研究会理事彭新林告诉长安街知事，《中华人民共和国监察法》第三章第十五条规定，监察机关有权对"法律、法规授权或者受国家机关依法委托管理公共事务的组织中从事公务的人员"进行监察。

李某作为中国男足主教练，是由中国足协任命的，而中国足协是根据法律授权和政府委托管理全国足球事务的社会组织。因此，李某的身份符合

《监察法》规定的范围，理应接受监察机关的监督。

据通报，李某是接受中央纪委国家监委驻国家体育总局纪检监察组和湖北省监委的联合调查。彭新林指出，这种"室组地"联合办案模式有利于发挥各自长处，形成合力，提高办案质效，使工作更加顺畅。鉴于李某曾任武汉卓尔足球俱乐部的总经理、主教练，湖北省监委的介入有助于深入调查案情。

彭新林表示，监察体制改革通过整合工作力量，实现了对所有行使公权力的公职人员的监察全覆盖，大大提高了惩治腐败的效能。

此外，通报只说李某"接受监察调查"，没提"接受纪律审查"。因为他的政治面貌并非中共党员，而是民主党派党员，所以不必依据《中国共产党纪律处分条例》对他立案审查。

（长安街知事，2022 年 11 月 26 日）

【一句话点评】记者、专家联手，权威性立时凸显。

【范例 48】

从北京中轴线看古城魅力

北京中轴线申遗保护工作迈上新台阶。1 月 28 日，《北京中轴线保护管理规划（2022 年—2035 年）》正式公布实施。

根据《规划》，全长 7.8 公里的北京中轴线北端为钟鼓楼，向南经过万宁桥、景山、故宫、端门、天安门、外金水桥、天安门广场及建筑群、正阳门、中轴线南段道路遗存，至南端永定门；太庙和社稷坛、天坛和先农坛东西对称布局于两侧。

著名建筑学家梁思成在《中国建筑史》中曾提到北京中轴线，"就全局之平面布置论，清宫及北京城之布置最可注意者，为正中之南北中轴线……其布局尤为谨严，为天下无双之壮观。"1951 年，梁思成在人民日报发表的《我国伟大的建筑传统与遗产》一文中，再次赞美："北京在部署上最出色的是它的南北中轴线。"

一条中轴线，展示了古都北京的气魄和底蕴，被誉为"北京老城的灵魂和脊梁"。

作为全世界现存最完整的传统都城中轴线，北京中轴线集中体现了中华民族在城市规划建设上的伟大创造与杰出才能。它是中国传统文化活的载体，记录了中华文明的精彩记忆。

中轴线北端，钟楼、鼓楼，一北一南，相望数百年。在此敲响的晨钟暮鼓引发的不仅是声音的震动、历史的记忆，更是跨越时空的情感共鸣。

2022 年 8 月，"时间的故事"展览在北京鼓楼开展。置身古建之中，通过沉浸式的数字展、丰富的交互体验，参观者感受着中轴线沿线古建筑的魅力。

北京鼓楼保护展示工程于 2019 年 11 月启动。北京市钟鼓楼文物保管所相关负责人表示："展示工程设计贯彻了世界文化遗产的保护理念和价值诠释准则——最小干预，可识别、可逆化，没有向文物建筑本体打入一颗钉子。"

2011 年北京市提出中轴线申遗，2012 年北京中轴线被列入《中国世界文化遗产预备名单》。随着日前北京中轴线文化遗产"全景图"的确定，每一处遗产的保护措施都是"量身定制"。

中轴线是一条物理轴，也是一条文化轴，还是新时代首都的发展轴。"如果把北京城比喻成一张五线谱，中轴线就是其中最优美的旋律。生活在这里的人们，则用自己的故事为中轴线伴奏出新时代发展最动听的和弦。"从小在什刹海胡同里长大的方喆，说出了许多北京市民的心声。

修缮保护文化遗产、治理周边环境、改善人居环境、改造具有传统建筑风貌的商铺、实施绿色空间景观提升工程……北京中轴线壮美有序、古今交融、庄重大气，一幅开阔的空间画卷正徐徐铺开。

向北，承办了 2008 年夏季奥运会和 2022 年冬季奥运会的北京奥林匹克公园，见证着这座世界上唯一"双奥之城"的成长。向南，世界规模最大的单体机场航站楼北京大兴国际机场，以开放的姿态联通世界，在阳光的照耀下熠熠生辉。迎着时代的发展，7.8 公里的中轴线迸发出新的生命力，继续伸展筋骨，延续文明。

（《人民日报》，2023 年 2 月 9 日，节选）

【一句话点评】有叙有议，堪称"中轴线专家"。

5. 新媒体消息"小、快、灵"

新媒体消息的写作，与传统媒体消息的写作有共性，但也有鲜明个性。屏读有三个最突出特点：速度快、频次高、碎片化。从这个意义上说，新媒体消息要脱颖而出，需要具备"小、快、灵"三个特质。

"小"：短小精悍，重点突出。"快"：迅速反应，抢先发声。这两点大家都熟悉，我们多聊聊这个"灵"：

第一：灵活呈现，有图有视频。

媒体平台往往支持多种插件，一个版面，文字、图片、视频、动图等都放得了。比如微信公众号支持"视频＋文字＋图片"，抖音快手支持"视频＋长文字"。可见，要善用多种形态的素材，丰富稿件，让报道更立体，增添更多信息和亮点，这也是目前从央级到地方媒体，在新媒体端较为常见的做法。

第二：灵活整合，延伸阅读。

时事新闻不受著作权法的保护，可以被合理转载和引用。所以，多渠道整合有效信息，拓展新闻的背景链接和延展信息，是快速提升网络新闻可读性的有效方法。比如我们根据新政策的出台，在新媒体端刊出《今日起，全面禁止食用野生动物！这些规定须牢记》一文，综合了多家媒体的新闻报道，梳理出规定、界限以及推动落实等多层次话题，一文看懂新规的来龙去脉！

第三：灵活制订后续报道计划，回应网友关切。

同一新闻事件在网络平台发酵后的舆论，可以引导你找到新的选题切入点。这种选题不在大而全，在于小而有针对性。比如，在农业农村部印发《畜禽屠宰"严规范 促提升 保安全"三年行动方案》后的宣传报道过程中，就有网友留言问"自家杀年猪算不算私屠滥宰"。为此，我们就此话题展开后续报道，专访了农业农村部畜牧兽医局的相关负责人，给出了确切回答：杀年猪不算私屠滥宰。这条视频新闻只有不到 1 分钟的时间，权威部门就当前热议的话题，回应了一个网友关切，获得了百万级的传播效果，值得借鉴。

【范例 49】

巴西农业和畜牧业部部长：希望在大豆、玉米、牛肉等方面能和中国有更多交流

3 月 29 日，巴西农业和畜牧业部部长卡洛斯·法瓦罗在参加中巴农业企业家交流活动时提出，希望在大豆、玉米、牛肉等方面能和中国有更多交流。

（农视网，2023 年 3 月 30 日）

【一句话点评】内容就是标题？没错，这就是抢时间的新媒体作风。

【范例 50】

网传大巴挂"市委及家属旅游团"条幅？最新回应

据解放日报旗下"上海网络辟谣"官方账号今日通报，日前有网友在社交媒体平台贴出一张图片，称在安徽池州旅游时，在一个服务区看到了一个老年游客团，其所乘坐的皖牌大巴前侧挂有"中共上海市委及家属旅游团"的条幅，质疑这样的旅游团

名称不妥。

　　"上海网络辟谣"就此向上海市相关部门核实，上海市委从未组织过相关旅游团，也不可能组织这样的"旅游团"。

　　经核实，网传图片中的旅游大巴属于安徽新客流旅游运输公司。该公司一名谢姓负责人表示，没有接到过中共上海市委组织安排的旅游业务，公司层面也没有安排过在车上贴横幅的行为。至于是否存在大巴驾驶员或游客个人自行张贴的情况，有待进一步了解调查。

　　（《南方都市报》，2023年4月9日）

　　【一句话点评】新媒体的"小、快、灵"就体现在这里：新闻刚出来，辟谣新闻接踵而至。

六、通讯重在抓典型

1. 接、化、发

用比较长的文字量，对新闻事件或新闻人物进行全面论述，具体、生动、形象地反映新闻事件或新闻人物，就叫作通讯。

写通讯，重点在于抓典型。

如何才能抓到典型？那就用得上武术大师的"接、化、发"三招了。

"接"，就是全盘接收。

通讯的特点是详细、深刻、生动，而且内容多、篇幅长，因此，记者采集新闻事实要非常的全面。在传统媒体时代，很多时候记者还需要等待，直到所写新闻事件有充分的展示过程，或者新闻事件的发展有了阶段性结果的时候，才能够开始采写通讯的准备工作。

"化"，就是化繁为简。

在调查、采访、收集资料，并对新闻事实"去粗取精、去伪存真"之后，记者就可以根据媒体的要求、大众的兴趣来确立通讯主题了。然后，紧紧围绕主题选定素材，决定这篇通讯的走向——由此可见，通讯的主题、选材乃至结构方式，都不是简单地"搬运事实"，其取舍来自记者的主观意愿。

"发"，就是发力描述。

我们可以运用叙述、描写、抒情、议论等多种手段，揭示人物、事物的最本质特点。通讯一般分成人物通讯和事件通讯两类。人物通讯的写作，既可以描述典型人物的全面风貌，也可以截取片断，浓墨重彩于某个侧面或阶段；事件通讯则是围绕中心事件精选材料，详尽有力地描述事件的完整过程。

【范例 51】

多所中小学参与太空授课"备课"

10月12日，"天宫课堂"第三课圆满完成。不过，太空授课带给孩子们的启迪，远不止这短短50分钟的直播课。从9月起，本市多所学校的学生就与神舟十四号航天员乘组一起，天地共同播下种子，观察、记录、研究植株生长的过程，将科学实验的真实过程引入太空授课。后续，太空授课中讲解的有趣知识点也将走进学生们的课堂。

天地齐种"同款"种子

在 400 公里的太空之上，神舟十四号航天员乘组在繁忙的飞行任务中，还不忘精心"种菜"。在问天实验舱生命生态实验柜中茁壮成长的，是中科院分子植物科学卓越创新中心郑慧琼团队选育的拟南芥、水稻两种植物。

两株具备提前开花基因的拟南芥已经在太空开花，"太空水稻"长势也相当不错。在 10 月 12 日的"天宫课堂"中，航天员陈冬对开花的拟南芥进行了剪株操作。

而在北京，太空植物的"兄弟"们也在一同成长着。9 月初，"天地共播一粒种"——青少年与航天员一起种植物科普活动启动，与问天实验舱"同款"的拟南芥、水稻种子，从郑慧琼团队的实验室交到了孩子们手中，在本市多所学校扎根、发芽、开花。

"'小南'长出了 5 片椭圆形的叶子，仔细看上面还有小刺。""矮秆水稻'小薇'的茎比较粗，有铅笔芯那么粗；高秆水稻的茎特别细、叶特别长，长得最快的时候，一天一夜能长 3 厘米。""浇水用纯净水，是为了模拟空间站的状态。"走进中关村一小的"空中小农庄"，一个个透明的培养盒里添新绿，五年级学生张智乔和张景奕在观察日记里认真记下拟南芥和水稻的新变化。

从 9 月 16 日播种开始，他们每天都会用画笔和文字记录小苗的生长过程，进行种植对照实验。"在'天宫课堂'里，我看到水稻会吐水，原来改变一点环境因素就会影响植物的生长，这太神奇了！我也想探索更多太空的奥秘。"张景奕说。

失败经历也是一种成长

自从看到"天宫课堂"的课程表，顺义牛栏山第一中学的学生们就充满了期待，想看看天上种植的作物与自己在地面上种植的作物有什么不同。他们设置了光照和湿度两个实验变量，以三四个人为一组，一个多月来，每天都要观察植株的最新长势。在学生自行设计的实验记录表上，叶片颜色、叶片数目、叶长、叶宽等数据记录得满满当当。

不过，播种的过程并不都是一帆风顺。该校学生席欢种植的拟南芥植株大部分已经死亡，"有的是光照没控制好，还需要继续总结"。看到在太空中苗壮成长的"小南"后，席欢的科研热情依然高涨，表示在后续的种植过程中会更用心。

在该校科技主任李万成看来，这种失败的经历对学生来说也是一种成长。"科研的过程本来就不是一帆风顺的，这个活动在激发学生探索热情的同时，也让他们对科研有了更深刻的认识。"

发现问题、提出假设、设计实验、验证猜

想……中科院空间应用中心应用发展中心主任张伟表示，拟南芥和水稻是科学研究中典型的模式植物，它们生长周期短，遗传背景清晰，容易生长、繁殖，便于在实验室内操作。此前，太空授课以讲授科学知识点为主，"天地共播一粒种"活动设计的初衷，便是要将真正的科学实验过程引入"天宫课堂"。科学家和航天员向孩子们展示科学研究的面貌，孩子们则通过种植、观察，亲身参与到科学实验中来。

（《北京日报》，2022年10月14日，节选）

【一句话点评】盯住"种子"这个主题，有趣！

【范例52】

北京市6万余名市区干部下沉社区支援抗疫

刚刚过去的五一假期，首发集团干部关金勇一天未休，放假首日便来到通州区永顺镇永顺东里社区报到上岗。像关金勇一样，本轮疫情发生以来，截至5月7日，已有6万余名市、区两级机关、国有企业干部下沉社区防控一线化身"大白""小蓝"支援社区抗疫。

下沉报到后，关金勇第一项任务就是和社区工作人员一起组织区域核酸检测。这活儿看似简单，干起来却不容易，从组织动员居民到维持现场秩序，再到信息验证上传……单一个小区就要面向800多名居民，工作千头万绪，拼的是体力，考验的是细心和耐心。

关金勇专拣重活干，当起了"技术工"——负责核酸信息验证和上传。穿上防护服，他体会到做"大白"的不易，从头武装到脚，一闷就是四五个小时，还一口水都不能喝，"防护服有限，脱了就不能再穿，不敢上厕所"。"闷着"更得保持头脑清醒，信息录入丝毫不能出错，"这可关系着核酸检测结果能否准确关联居民健康宝，对不上号可不成。"关金勇说。

这股认真劲儿在下沉干部中不鲜见。"社区是遏制疫情蔓延的主战场，我们来了就一定要发挥作用。"这已经是市规自委干部刘道秋第二次下沉防控一线。在朝阳区望京街道，他既服从命令听指挥，又在具体工作中发挥自身优势，配合社区合理设置核酸检测点，在严格落实防疫要求前提下机动开设绿色通道、学生通道，方便老年人、学生群体。

"多亏了这些'外援'，街道五一期间三次核酸大筛查高效、安全有序进行。"一说起下沉干部，望京街道干部康洋便赞不绝口。

下沉既是增援，更是历练，向社工"拜师"成为许多干部的共鸣。特殊时期，每天都要工作十来个小时，但没有下沉干部喊累。朝夕相处，社工的辛苦大家都看在眼里，有人核查流调信息到凌晨4点，6点半还准时出现在核酸检测现场；有人每天几万步，为了入户通知居民核酸检测时间一趟趟爬楼……

"越是紧要关头，越考验初心。每个社工都是老师，他们言传身教，用行动诠释为民服务的真谛。只要我们每个干部都永葆这样的初心，齐心协力，一定能战胜疫情！"关金勇道出了许多人的心声。

干部下沉就是哪里需要去哪里，为社区分忧、为群众解难。4月29日，通州区荔景园新区因出现一例初筛阳性实施临时管控，荔景园社区居委会全部工作人员一并被隔离到管控的新区内。次日，市总工会干部冯显亮便与市区下沉干部、街道工作人员和小区党员志愿者一起成立临时党支部，接手居委会承担的荔景园老区楼宇疫情防控工作，负责居民健康宝弹窗登记处理、居家隔离人员物资配送、垃圾清运、核酸检测秩序维护等工作，填补社区疫情防控工作空白，确保社区疫情防控工作不断线、有保障。

（《北京日报》，2022年5月9日）

【一句话点评】有点有面，详略得当。

2.别逃避宏大叙事

很多通讯读起来不精彩、不过瘾，人物平淡无奇，事件无足轻重。原因很简单：没有站在时代高度对人物、事件进行观照。

所谓时势造英雄。在百年未有之大变局的背景下，值得写的人和事，都是波澜壮阔的中国社会变迁所致，哪怕是平凡人物，身上亦有时代的塑造！如果我们缺乏这种"时代高度"，自然会让笔下的人物和事件缺少灵魂，读者读起来，也就味同嚼蜡了。

有记者问过这样的问题："宏大叙事"是否应该让位于"微观叙事"？媒体从业者作为人民的一分子，肩负反映人民呼声的责任，就要多关注个体、关注新闻事件中个体的命运啊！

这个问题，错在把二者设立为对立关系了。实际上，"宏大叙事"与"微观叙事"绝不矛盾！

借用业界专家的话说："宏大叙事"并不排斥"微观叙事"。其本意，是一种"完整的叙事"，是无所不包的叙述，自然也包括融合了"微观叙事"。如何诠释"宏大叙事"？需要多角度、多笔法：大思想和大气势，当然可以登高望远放眼量，也必须关照相对应的"小"，在"大"与"小"的结合中，才最能够真实再现人物或事件的全貌！

所以，记者要站得高，让思想具有深度；记者也要"接地气"，用细节呈现大主题。如果逃避"宏大叙事"，故事立刻变得单薄、浅显、琐碎。类似书写雷锋同志英雄篇章的《永生的战士》、歌颂鞠躬尽瘁好干部孔繁森的《领导干部的楷模》等影响时代的通讯作品，怎么可能脱离开当时波澜壮阔的时代背景？又怎么可能脱离开细致入微的平实社会与平凡人等的细节描述？

【范例 53】

县委书记的榜样——焦裕禄

连年受灾的兰考，整个县上的工作，几乎被发统销粮、贷款、救济棉衣和烧煤所淹没了。有人说县委机关实际上变成了一个供给部。那时候，很多群众等待救济，一部分干部被灾害压住了头，对改变兰考面貌缺少信心，少数人甚至不愿意留在灾区工作。他们害怕困难，更害怕犯错误……

焦裕禄想："群众在灾难中两眼望着县委，县委挺不起腰杆，群众就不能充分发动起来。'干部不领，水牛掉井'，要想改变兰考的面貌，必须首先改变县委的精神状态。"

严冬，一个风雪交加的夜晚，焦裕禄召集在家的县委委员开会。人们到齐后，他并没有宣布议事日程。只说了一句："走，跟我出去一趟"，就领着大家到火车站去了。

　　当时，兰考车站上，北风怒号，大雪纷飞。车站的屋檐下，挂着尺把长的冰柱。许多逃荒的灾民扶老携幼拥挤在候车室里。他们正等待着国家运送灾民前往丰收地区的专车，从这里开过……

　　焦裕禄指着他们，沉重地说：

　　"同志们，你们看，他们绝大多数人，都是我们的阶级兄弟。是灾荒逼迫他们背井离乡的，不能责怪他们，我们有责任。党把这个县36万群众交给我们，我们不能领导他们战胜灾荒，应该感到羞耻和痛心……"

　　他没有再讲下去，所有的县委委员都沉默着低下了头。这时有人才理解，为什么焦裕禄深更半夜领着大家来看风雪严寒中的车站。

　　从车站回到县委，已经是半夜时分了，会议这时候才正式开始。

　　焦裕禄听了大家的发言，最后说："我们经常口口声声说要为人民服务，我希望大家能牢记着今晚的情景，这样我们就会带着阶级感情，去领导群众改变兰考的面貌。"

紧接着，焦裕禄组织大家学习《为人民服务》《纪念白求恩》《愚公移山》等文章，鼓舞大家的革命干劲，鼓励大家像张思德、白求恩那样工作。

　　以后，焦裕禄又专门召开了一次常委会，回忆兰考的革命斗争史。在残酷的武装斗争年代，兰考县的干部和人民，同敌人英勇搏斗，前仆后继。有个地区，在一个月内曾经有九个区长为革命牺牲。烈士马福重被敌人破腹后，肠子被拉出来挂在树上……焦裕禄说：

　　"兰考这块地方，是同志们用鲜血换来的。先烈们并没有因为兰考人穷灾大，就把它让给敌人，难道我们就不能在这里战胜灾害？"

　　一连串的阶级教育和思想斗争，使县委领导核心在严重的自然灾害面前站起来了。他们打掉了在自然灾害面前束手无策、无所作为的懦夫思想，从上到下坚定地树立了自力更生消灭"三害"的决心。不久，在焦裕禄倡议和领导下，一个改造兰考大自然的蓝图制订出来了。这个蓝图规定在三五年内，要取得治沙、治水、治碱的基本胜利，改变兰考的面貌。这个蓝图经过县委讨论通过后，报告了中共开封地委，焦裕禄在报告上，又着重加了几句：

　　"我们对兰考的一草一木都有深厚的感情。面对着当前严重的自然灾害，我们有革命的胆略，坚决领导全县人民，苦战三五年，改变兰考的面貌。不达目的，我们死不瞑目。"

这几句话，深切地反映了当时县委的决心，也是兰考全党在上级党组织面前，一次庄严的宣誓。

（新华社，1966年2月7日，节选）

【一句话点评】经典。

【范例54】

"菜篮子"保供有力稳民心

入冬后，北京面临疫情以来最复杂最严峻的防控形势。一座拥有两千多万常住人口的超大城市，如何稳住百姓的"菜篮子"？

连日来，记者循着外埠蔬菜生产基地、高速检查站、物资中转站、商超、电商配送所串起的物资保供"生命线"，探访北京疫情防控攻坚时刻新鲜蔬菜从田间地头到市民餐桌的流转之旅，也见证"菜篮子"保卫战在稳定民心方面发挥的关键作用。

手中有"粮" 心中不慌 近期蔬菜批发价降了25%

凌晨4点，整座城市被薄雾笼罩。配送员祝虎驾车抵达物美超市双井店，利落地扳开厢门，满车的大白菜随即被抬上货架。

当前，京城大部分蔬菜来自周边河北、内蒙古、山东等地，南方蔬菜占比也在提升。市民的菜够不够吃，首先得看这些上游产区的产量够不够。

100多公里外的河北省玉田县，望不到边的菜地里，一棵棵大白菜合抱成球。一大早，农户们就奔向菜地，挥刀收割。"今年的白菜结得很厚实，去年单棵是3—5斤，今年单棵能长到4—7斤。"菜地旁，柳大哥算了笔账：因为长得好，今年这里的大白菜产量至少比去年多出来两成。从10月开始，他经营的合作社每天向北京的超市供应约200吨大白菜。

这种"农超对接、产地直供"的新模式，少了中间七弯八拐的环节，价格更透明、供应也更有保障。

北京还有七大一级批发市场，供应一半以上的蔬菜销量。"通过承包、自建或合作的模式，目前新发地的商户在全国拥有300万亩的种植基地。"新发地市场相关负责人说，进入低温天气后，新发地就启动市场内的战略储备，九大常规储备菜总量达到3000吨。

商户们也不断增加产地的蔬菜储备：新发地"白菜大王"王永志在河北玉田储备了5000吨大白

菜，"土豆大王"余功成在河北张家口储备了1万吨土豆，"洋葱大王"李树全在甘肃储备了6000吨洋葱……

价格是反映市场供需的晴雨表。来自市发改委价格监测中心的数据显示，近期本市生活必需品价格总体回落，蔬菜批发价同比下降25%，猪肉价格回落至正常区间，鸡蛋价格平稳运行，粮油价格总体稳定。

打通梗阻　扫清路障　运输车持证快速进京

当柳大哥的大白菜收割完毕，北京开来的大货车已经在菜地旁等候了。每天，五六辆货车要往返北京和玉田，待最后一批白菜进京，已经是半夜了。

记者搭上了从玉田开往北京的运输车。午夜，京秦高速公路港北检查站灯火通明，这里是唐山等地蔬菜进京的必经之地。

今夏疫情突袭时，部分地区高速路遭遇"肠梗阻"，这一轮多地疫情并发，大货车能不能上高速？上了高速能不能顺利下高速？这是司机师傅们最担心的问题。

"这一路非常畅通，今天光是大白菜，我和兄弟们就拉了5车。"进了港北检查站，司机李师傅摇下车窗，把身份证递给工作人员核验。只等了几分钟，核验无误后，他重启车辆，朝京城奔来。

一路畅通的背后，是一张"重点物资通行证"在发挥效力。为确保各地农产品能够顺利进京保供，北京对进京生活必需品车辆发放了"重点物资通行证"，在进京检查站出示通行证可以实现快速通行。一个多月前，北京批发市场保供车辆预约平台正式上线，对新发地等市场车辆实行预约通行，确保车辆进京便利。截至11月24日16点30分，全市七大批发市场共预约车辆122858辆。

同一时间，京新高速旁的延庆区下营重要物资中转站气温骤降到零下。北京仍有大量生产生活物资来自疫情较为严重的地区，按当前防控政策，来自这些地区的司机无法顺利通过进京检查。正因如此，中转站派上了用场。

运营一个多月来，三大中转站共中转2400多辆货车，保障了4.8万吨货物顺利抵京。"特别是前段时间鸡蛋价格有所上涨时，经由中转站抵京的4000多吨鸡蛋，及时平抑了市场价格，有效保障了市民生活。"市发改委相关负责人说。

（《北京日报》，2022年11月28日，节选）

【一句话点评】所有人物与故事，都围绕"抗疫"大背景展开……

3.线性讲故事

通讯写作的叙述方式,有顺叙、倒叙、插叙、详叙、略叙。

顺叙,按照新闻事件发生、发展、结束的时间先后叙述。

倒叙,先叙结果,然后再按事件发生、发展的时间先后依次叙述。倒叙是设置悬念的方法之一,采用倒叙法,结构也显得有起有伏,比较生动。

插叙,又叫追叙、补叙,就是在叙述中心事件的过程中,暂时中断主线索,插入与主题有关的背景或其他相关的材料,如一个情节、一个场面、一段谈话等等,可以使结构富于变化。

详叙,又叫细叙,就是详细叙述事物、人物、观点等。

略叙,又叫概述,粗线条地、概括地叙述。

笔法娴熟之后,以上多种叙述方式可以交叉使用、融会贯通。不过,对于刚入门的年轻记者,我们的建议是:顺叙。按照新闻事实发生、发展、结束的时间顺序,踏踏实实地安排层次,条理清晰,让读者对事情的来龙去脉一目了然!

扪心自问:写通讯的目的是什么?是为了炫技吗?当然不是!是为了把新闻事实清晰明确地呈现给读者!人们常说,好的通讯,应该如同小说般跌宕起伏。它的力量,来自故事的震撼人心、来自人物的富有张力,绝不来自结构上的抖机灵。

如果，写通讯一直走"线性讲故事"的路子，行不行？当然可以！

方法不重要，重要的是真情实感！

【范例 55】

云端驾驶员

4月22日5时30分，天刚蒙蒙亮，呼啸了一夜的大风终于"偃旗息鼓"。太阳准时从地平线升起，塔吊司机王卫东和同在项目任塔吊信号工的妻子柳兰侠麻溜儿地起床、洗漱。从食堂打了份简单的早点，夫妻俩边吃边聊，"万一在上面发现又开始刮大风了，记得及时跟下面汇报。"柳兰侠一如既往地"唠叨"。

6时，通过人脸识别的闸门，夫妻俩前后脚走进中建三局中国人民大学通州新校区施工现场。无人指挥不吊、信号不清不吊、重量未知不举升……早班会上，塔吊领班将操作规程和安全注意事项再次宣讲了一遍。行里有"十不吊"的规矩，都是安全作业的硬性保障。"70后"的王卫东从业近12年，年轻人都礼貌地称他"王师傅"，"安全无小事，尽管各种规则已烂熟于心，但'上车'前，还是要把注意事项在心里'过一遍'。"王卫东说。

6时30分，来到位于项目东南角的2号塔吊下，王师傅系好安全绳开始攀爬塔吊。相比于花了近半小时才成功"登顶"的记者，经验丰富的王师傅没用5分钟，就打开了位于70多米高空的塔吊驾驶室大门。

6时35分，王师傅将一床被子在座椅上铺成靠垫形状，随后开始依次检查标准节及连接情况、套架及滚轮、液压顶升系统、回转系统、回转塔身、塔尖、平衡臂、起重臂、驾驶室、吊钩等部位，确认无故障。"驾驶室不到2平方米，一坐就几个小时，不管什么靠垫也没有被子垫着舒服。"王师傅将这个塔吊司机间的"不传之秘"悄悄告诉了记者。去年9月入场至今，他已经在工地上连续奋斗近8个月。

塔吊是"塔吊起重机"的简称，塔吊作业可以说是施工现场排第一的特殊工种。距离地面高度约有二三十层楼高，靠近蓝天，俯瞰地面，塔吊司机也被人诗意地称为"高空舞者"。但只有"王卫东"们才知道，要在近百米高的狭小空间里精细操作，需要付出多少。从肤色上看，老王明显比媳妇儿要黑出好几个"色号"。高空作业玻璃屋，紫外线晒得最足，水喝得却少。有人说：你在工地看晒得倍儿黑、嘴唇老有干皮的，八成就是塔吊司机。

6时45分，对讲机响起，"王师傅，起钩！""一档起！""慢落！"妻子柳兰侠此时是严肃认真的信号员，根据她的指令王卫东缓缓操作起重臂，在信号指挥和吊钩可视化系统的帮助下，顺利吊起当天的第一捆钢筋。"塔吊吊装责任重大，工作中我们绝不开玩笑，所以干活时我对他的称呼和其他人一样，都是'王师傅'。"柳兰侠说。左转臂、出钩、落钩、钩减速……在蓝天大地之间，一捆捆灰色的钢筋和红色的定型化钢制安全网片被接连吊装到了人大通州新校区艺术学院的楼上。

"预计5月这几幢楼就都要开始进行外立面吊装和内部装饰装修了。这些钢筋和安全网片都是为前期工作准备的。"王卫东对校区的施工进展了然于心。用不了多久，人大通州新校区的钢铁框架将逐渐"隐身"，化好"新妆容"的这几幢大楼，将以崭新形象首次示人。

11时，太阳已接近正南，王师傅完成了上午最后一次材料吊装。"上午成绩还不错，吊装了得有小20次。等我收拾收拾，下来咱俩去吃饭。"结束了上午的工作，王师傅终于和妻子说了一句工作之外的话。

这样的工作节奏，对王师傅来说是家常便

饭。在工程最忙碌的时候，他一天吊装作业能超过 60 次。

13 时，在复盘上午工作不足之处后，王师傅再次登上塔吊，在妻子的指挥下开启了新一轮吊装工作。

17 时 30 分，结束了一天工作，老王先在驾驶室里活动活动手脚再小心地爬下塔吊。还没等歇会儿，加班通知来了。"明白！这种重大工程，我们更要保证工程进度。"他预计今年五一要过个真正的"劳动节"了。

18 时 30 分，在西斜的落日余光映照下，吃完晚饭老王再次爬上塔吊准备挑灯夜战。

19 时 30 分，天已经完全黑了下来，街上车流滚滚，塔吊对面的几幢大楼内灯火通明。"虽然有点累，但想到还有很多人和自己一起在努力，心里就能攒出劲来接着干。"老王言语朴实。

22 时，王师傅关闭吊钩可视化系统，沿着塔吊通道返回地面。忙碌的一天结束了。这一天，老王顺利完成了约 50 次吊装。

自去年项目开工伊始，占地约 1600 亩的人大通州新校区已在副中心拔地而起。在王师傅等塔吊司机的努力下，中建三局已将 8000 多吨钢结构和 6400 余吨钢筋吊装至新闻学院楼、艺术学院楼、未来传播创新中心三大学部楼，撑起人大通州新校区的"钢铁脊梁"。新校区即将在副中心掀开新篇章。

（《北京城市副中心报》，2022 年 4 月 26 日）

【一句话点评】平凡人的平凡一天，你会不会感慨万千？

【范例 56】

一名基层家庭医生的一天

近日，北京青年报记者前往基层蹲点，跟踪采访丰台区蒲黄榆社区卫生服务中心主任医师、首席家庭医生、全科主任成静，试图用一位家医的一天，揭示基层卫生工作者的抗疫现状。从新冠轻症患者的日常救治、康复管理、病房服务，到为慢病患者开具长处方、在线答疑，这群身处老百姓家门口的家庭医生，正用触手可及的医疗服务，成为老百姓坚实可靠的"健康卫士"。

12 月 26 日早晨 6 点 30 分，成静的手机闹铃准时响起，窗外依旧夜色朦胧。一周多前，成静"阳"后转阴，但咳嗽依然困扰着她，身体还未完全恢复如初，就允许自己多睡了 10 分钟。一包牛奶、一个煎鸡蛋、一小块面包，简单的早餐果腹。7 点 15 分，同事已经把车停在小区门口，因为家住同一小区，成静得以每日"蹭"车上班。从宋家庄到丰台区蒲黄榆社区卫生服务中心，一路畅通，不到15分钟即抵达。

晨曦中，蒲黄榆社区卫生服务中心灯火通明。这两栋三层小楼提供的医疗服务，辐射着整个丰台东铁匠营街道。36名家庭医生组建了33个家医团队，管理着38406位签约居民，其中65岁以上老年人16015人。

"早上好！"医护更衣室里，已经有两位医生在换衣服。靠墙东侧柜子第三格，收纳着成静的个人物品，东西不多，除了白大褂，还有牙膏、牙刷、护肤霜、洗澡拖鞋，以及一件卫衣。"之前工作忙，就住办公室，这些东西也就备着了，万一以后需要还能用。"2002年毕业后来到蒲黄榆，如今她已是科里的"大姐头"，"我是革命一块砖，哪里需要往哪搬。"成静打趣道。脱下羽绒服，换上白大褂，一头短发和运动鞋，这位44岁的全科主任十分干练。

成静的诊室在二层，是距离分诊台最近的1号诊室。她每天开工第一件事，就是将诊桌旁的紫外线消毒灯放回原位，前一夜，这盏消毒灯将整个诊室彻底消毒。酒精擦拭台面，开窗通风，疫情当前，消毒工作她从不含糊。一方诊桌、一张诊断床、一个文件柜、两把椅子，外加一个洗手池，干干净净的诊室准备迎接新一天的病人。

不到正式开诊时间，中心大门外已经有十几名患者在排队，7点50分，大门提前10分钟打开，患者鱼贯而入，挂号、排队、等候就诊。这些门诊患者基本都是周围老街坊，大部分是家医签约患者，挂号时可直接选择自己熟悉信任的签约医生。8点整，成静穿好隔离衣，戴好手套、护目镜和N95口罩，1号诊室迎来了当天第一位患者。

"大姐来了，怎么样今天？"61岁的张淑敏（化名）是成静跟了3年的"老签约户"，刚一进门，二人就寒暄了起来。头一天她跟成静通电话，说来开点降糖药，顺便瞧瞧身体状况。张淑敏患有糖尿病、抑郁症，是成静家医团队1800余位签约人中的"重点保护对象"。

"前阵子'中招儿'了，好在没发烧，就是骨头疼，要把骨节都分开似的，现在转阴了，可还是浑身没劲儿，还有点咳嗽。"张淑敏从不把成静当外人，一坐下就跟她唠家常，分享起自己的感染经历。观察她的状态，成静发现，张淑敏确实不如往常有精神，"这段时间您一定注意休息，避免劳累，饮食上要清淡些，按时服药，身体允许的话，每天散散步，适当锻炼，有什么不舒服您随时联系我。"成静安慰说。

"谢谢成大夫。"拿着药方，张淑敏起身准备离去，不过听到成静背过身咳嗽了一声，张淑敏忍不住嘱咐一句，"您也还没好利索呢，可千万保重自己。"

刚看完5个病人，成静的手机响了，是81岁的冯奶奶，也是位"老病友"了。"感染了，不过已经退烧，但一直心慌，凌晨三点才睡着。""别着急，这样，您带着前两天在友谊医院做的化验结果，来查个心电图，看看心慌是什么原因造成的。"

一个小时后，冯奶奶在老伴和女儿的陪同下前来看诊。"您这化验单里有几个数值偏高，但不影响健康状态。有点炎症，我给您开点消炎药，头孢要坚持吃，您的心电图没问题，多休息就行。"知道这位"老病友"肺功能一直不太好，成静向一家子叮嘱："别大幅活动，躺着的时候可以把枕头垫高点，饮食注意清淡，可以吃一些梨或者柑橘类水果，有润肺止咳作用。"

"什么情况再去医院呢？"冯奶奶的女儿依然有些担心。

"老人的急性期已经过去了，在家里注意观察就行，要是有严重的胸闷气短、呼吸困难、胸部出现异常疼痛，或咳嗽不止、痰中带血的情况，就需要赶快就医了。"听完成静的嘱咐，一家三口才放心离去。

一上午的看诊时间，成静的手机响了 5 次，除了一通与药剂科主任的业务电话，另外 4 个电话都来自患者。近期，北京各区公布了家庭医生团队联系方式，一旦有任何疑问，市民都可打电话咨询，再加上签约患者，成静的手机时不时会响起。"最近已经好很多了，要是在两周前，一天最多能接 40 个咨询电话，更别说手机微信和问诊平台上的。"

上午 11 点 40 分，盒饭已经送达，她换下防护装备，在休息室一边吃饭一边回复线上咨询。"退烧了，可一直咳嗽，躺下嗓子就痒，吃点什么药好？""咳嗽，白痰变成了黄痰，需不需要查血？"身边医生 APP 问诊平台、微信群、私信……将近 10 条问诊消息在等着她处理。对于这种"见缝插针式"的远程网络问诊，虽不免牵扯精力，但她觉得很有必要："对于医生来说，很多问题可能是重复的，甚至都不是问题，给患者解答了，起码能让他们得到正确的指导，不焦虑。"

吃完午饭还没顾得上休息，作为全科病房主任，成静又来到一层，仔细检查病房物品配置情况。"被子需要再重新叠一下"，"这几个输液架的位置需要再调整"……她一丝不苟。物资筹备进展如何？电脑、打印机、桌椅、输液架、防护服、口罩……她对着单子一一清点。药品都到位没有？成静又跟同事全部核对了一遍。

14 点 48 分，候诊区内的患者较上午一点没少。为了帮同事减轻压力，开完例行中层领导会议，成静抱着笔记本一路小跑回到诊室，迅速穿上防护装备继续接诊患者，7 个全科诊室全部向患者开放。

"还是觉得有点乏力，今天准备早点下班。"此刻，时针已经指向了 18 点。翻了翻电脑上的诊疗记录，这天她共接诊了 71 个患者。"加上杂七杂八的事儿，今天算少的，一般都得看八九十个。"正准备脱下防护服，一位拿着便携式氧气袋的女士推门进来，想让成静帮忙开个氧气灌装的单子，她二话没说就给开了一张。"咱北京要求社区卫生服务机构为有需求的居民提供氧气灌装服务，我们离居民最近，氧气灌装也方便。"

当成静收拾桌子时，北青报记者发现，桌上没有水杯，她已经一下午没有喝水了。"顾不上，坐下了就很少起身，不喝水、不上厕所，不然耽误事儿。"

帮同事安抚患者、协调物资配置、保证各医疗项目顺利完成……待她处理完所有事情走出中心大门，已是 18 点 41 分，"很少下午 5 点准时下班，基本有点时间就会被抽走。"对于这种不准时，成静习以为常。

晚高峰的蒲黄榆路又见车水马龙，回家的路上甚至堵了几分钟，这座城市正在恢复往日模样。

趁着路上的时间，成静给石家庄老家的父母打了个电话，二老都已经70岁，上周也感染了新冠。"好在挺过来了，就剩下咳嗽。心里还是担心，但这并没有特效药，只能让他们多休息。三个春节没回去了，盼着过年能回去看看。"

22点53分，成静正准备休息，手机微信里的"老张"又给她发来消息："成主任您好，抱歉这么晚打扰您，我们全家都在咳嗽，吃了一盒头孢，还是咳，家里没有咳嗽药了，明天我可以去找您开点消炎、止咳药吗？""没问题，明天见。"成静的手机从来不敢关机，就怕晚上有突发状况的患者。

71个门诊患者、接听12个咨询电话、回复18人的网络留言咨询……这是成静在蒲黄榆社区卫生服务中心第21个春秋里的平凡一天。

（北青网，2022年12月29日）

【一句话点评】分分秒秒，感同身受。

4. 说你自己想说的话

通讯要写出记者的个性。

同一件新闻，因为事实繁多，记者在采写通讯时，选择什么事实，不选择什么事实，如何表现事实，都是由个人的思想来支配的，体现出记者的价值判断、观点和主张。

既然有感而发，理应爱憎分明。这是通讯和消息的又一个不同：通讯饱含情感，将记者感受通过文字传达给读者；消息力求客观，尽量不显露情感偏好。当然了，不管用什么角度，彰显怎样的情绪，必须保证新闻事实的准确无误，这是我们张扬情绪的根基。

2023 年 3 月 31 日，据北京市纪委监委消息，66 岁的北京汽车集团原党委书记、董事长徐某某，正接受纪律审查和监察调查。徐某某的新闻事实明摆着：掌舵北汽近 14 年，主导成立了北京现代和北京奔驰两家合资公司。2019 年 7 月，北汽集团宣布投资戴姆勒并持有对方 5% 股份，由此成为戴姆勒第三大股东，双方也终于真正实现交叉持股。资本市场运作方面，2014 年北京汽车在香港上市，北汽集团在资本市场迈出了历史性的一步；2018 年，北汽集团旗下子公司北汽蓝谷成功借壳上市，成为 A 股电动汽车整车制造第一股……

面对如此繁杂事实，无论从怎样的角度切入，都大有文章可做。于是我们看到了：有通讯从"半生钢铁半生车"的角度，叙述曾在首钢任职的徐某某难以言表的人生；有通讯从探讨功过的角度，回顾徐和谊14年的北汽生涯，串联起北汽集团风雨兼程的历程……角度不同，选择的事实也会有极大差异。唯一可以肯定的是，记者从不同角度所讲述的，都是事实。

【范例 57】

抚琴谢幕去　戏久不言别
——"七一勋章"获得者、著名艺术家蓝天野在家中辞世

记者从北京人艺获悉，"七一勋章"获得者、著名艺术家蓝天野，因病于2022年6月8日13点43分在北京家中逝世，享年95岁。

蓝天野，1927年出生于河北省饶阳县，原名王润森。一岁时，蓝天野的曾祖父带着全家四代来到了北京。1944年，蓝天野进入北平艺术专科学校学习绘画，曾向李苦禅和许麟庐两位大师潜心学画，得到高度评价，并在课余参加了学生剧团。1945年，他在姐姐的指引下参加了革命工作。1945年9月，18岁的蓝天野加入中国共产党。作为一名地下党员，他在祖国危亡之际，为国家、为人民、为党组织作出了很多贡献。

1952 年，北京人民艺术剧院成立，蓝天野作为人艺元老，一直从事戏剧艺术工作，曾在经典话剧《北京人》《茶馆》《蔡文姬》《王昭君》中饰演重要角色，导演过《针锋相对》《贵妇还乡》《吴王金戈越王剑》等经典剧目。他还曾在电视剧《封神榜》中饰演姜子牙，在《渴望》中饰演王沪生的父亲，出色的演技赢得了无数观众的热爱和尊重。

　　从人艺离休后，蓝天野因身体原因，曾 9 年没再演话剧。2011 年，为庆祝建党 90 周年，北京人艺重排献礼剧目《家》，邀请当年 84 岁高龄的蓝老回归舞台。蓝天野当时说："这么多年没登台了，记忆力也大不如前，心里的确有些忐忑，但我是老党员，只要组织需要，我就要发好光和热。"为此，他不仅加入了《家》剧组，还主动挑战有难度的角色，抛掉演了一辈子的正面人物，成功饰演了伪善的冯乐山。

　　参演《家》之后，重新回到戏剧舞台的蓝天野一发不可收，耄耋之年在舞台上大放光彩，一连出演了《甲子园》《冬之旅》等多部戏剧作品，还重拾导筒，连续执导了《贵妇还乡》《吴王金戈越王剑》等作品，成为唯一一位仍然活跃在舞台上的北京人艺第一代老艺术家。2018 年 11 月 17 日，蓝天野的妻子、91 岁的北京人艺著名演员狄辛去世，蓝老在表达对妻子悼念之时表示："狄辛走了，我能做的，大概就是尽我所能，活得更好，在舞台上再多做一些事情。"

2020 年，经过为期两年半拍摄制作的 15 集纪录片《蓝天野》正式播出，真实记录了这位九十多岁的老艺术家在艺术创作道路上的执着追求。

2020 年 10 月，蓝天野以 93 岁高龄在首都剧场连演了 11 场三个半小时的《家》。每场演出谢幕，他都在观众如潮的掌声中登台，精神状态之饱满让所有观众为之赞叹。最后一场演出结束时，他还在微信朋友圈写下意犹未尽之言："《家》2020 版演出暂落大幕！相约再携手同台，家永在，戏长久，不言别！"去年，蓝老还在计划着为北京人艺新落成的国际戏剧中心剧场再搞几个戏，继续在戏剧舞台上发光发热："我在琢磨着新的剧本，不仅想自己来导，还想再登台表演，在舞台上创作新的角色……"

蓝天野不仅在舞台和影视中塑造了令人印象深刻的角色，为中国文艺事业繁荣发展作出杰出贡献，还先后荣获"全国优秀共产党员"和"中国戏剧奖·终身成就奖""全国德艺双馨终身成就奖"等荣誉称号。2021 年 6 月 29 日，在人民大会堂举行的"七一勋章"颁授仪式上，94 岁的蓝天野作为中国戏剧界唯一入选者，获得由习近平总书记亲自颁发的

"七一勋章"，表彰他为党和人民作出的杰出贡献及创造的宝贵精神财富。

蓝天野一直非常关心剧院人才的培养和发展。他在北京人艺的表演培训班上，将自己宝贵的艺术和人生经验分享给年轻演员们。对社会公益事业他也非常关心和热心。每年的"共产党员献爱心"活动，他都踊跃参与。无论是汶川地震，还是青海玉树地震，他都主动捐款。2012年"北京7·21特大自然灾害"发生后，蓝天野第一时间捐款两万元。他还将义卖画作所得款全部用于救治唇腭裂儿童。平时，他经常为寻找走失老人和救助小动物发声呼吁。每年他都会把自己的书画作品制作成精美的年历，分享给亲朋好友。

近年来，九旬高龄的蓝天野依然以导演和演员的身份，活跃在剧场里、舞台上、排练厅中，不断创造着令人赞叹的成绩，为观众们奉献出一部部精彩的作品。

（《北京晚报》，2022年6月9日，节选）

【一句话点评】通篇都是发自肺腑的留恋。

中国香港冬奥选手朱定文，为何一口"大碴子味"？

随着飞机缓缓降落，舷窗外，城市的夜色映入眼帘。一条条金色的车流勾勒出横平竖直的街道，斑斑点点的灯光如繁星洒落。顷刻间，一种熟悉又陌生、兴奋又紧张的情绪涌上心头。北京，我终于来了！距离我追逐多年的奥运梦想已经如此近了，这种感觉就像是在做梦一样。

我是 22 岁的中国香港短道速滑运动员朱定文，1月 27 日傍晚刚刚从香港飞抵北京，眼下正在全力冲刺备战 2022 年冬奥会男子短道速滑 500 米的比赛。这是我首次代表中国香港队登上冬奥会舞台。此刻，看到冬奥村里悬挂的五环标志、走过的国际顶尖选手，我仍难掩内心的激动。

28 日起，我开始在首都体育馆上冰进行赛前适应性训练，希望用最好的状态迎接比赛。对于成绩，我和团队并未设定具体的指标，而是保持平常心。相信只要做足准备，保持平日的训练水平，在冬奥赛场的表现也不会差。

都说"台上一分钟，台下十年功"。的确，冬奥会是我坚持并为之奋斗了十几年的梦想。早在 5 岁时，我就与冰上运动结缘，在国际学校和许多加拿大籍的同学练习冰球。11岁时，因为体格瘦小，我在这项对抗激烈的运动中经常受伤，但我还是十分喜欢在冰上飞的感觉。

一次偶然的机会，我看到短道速滑的视频，觉得这项运动挺有意思，马上报名了初级班。当我穿上短道冰刀鞋，用最快的速度跑完一圈，那种风驰电掣的速度感让我疯狂上瘾。之后，我开始在全港锦标赛等大大小小的比赛中取得名次，渴望着参加2018年平昌冬奥会。

但追梦的过程注定充满艰辛。在新疆高原集训的一天，我失手摔倒，右脚脚踝三处骨折。术后，医生告诉我至少要4个月才能走路，那时距离奥运资格赛只剩短短两个半月。我并没有就此消沉，因为我的教练孙丹丹在备战2002年盐湖城冬奥会时，也受过一模一样的伤。同样在恢复时间不足的情况下，丹丹教练不但奇迹般康复参赛，还为中国队拼得一枚银牌。在她的鼓励下，抱着"她行，我也行"的信念，我带伤坚持每天超过6小时的康复训练。虽然最终没能如愿获得平昌冬奥会入场券，但那段经历让我学会成长，更坚定投入备战2022年北京冬奥会。

前些日子，港队的队友们特意录制视频为我加油打气。感动之余，大家的东北口音还上了微博热搜。说起来，这还是因为我们常年"离家出走"式的训练。由于香港没有标准的短道速滑场地，我中学时就常去长春集训，加上东北话的感染力，自然练就了一口"大碴子味"。长期与内地交流也让我们更了解中国文化，成为更加爱国的青年，我每天的闹钟铃声也厌了国歌《义勇军进行曲》。

后来我到美国上大学，一边学习一边训练：凌晨3点多起床，4点半准时上冰练到8点左右，冲个澡就去上课；下午5点多放学至晚上9点，又进行陆上训练。如今回望，所有拼搏和付出都是值得的。对我来说，能够代表中国香港队参加自己国家举办的冬奥会，已是最完美的认可。

作为本次中国香港冬奥代表团3名参赛运动员之一，我期盼将北京冬奥会的"遗产"带回香港，让更多香港孩子体验冰雪运动的魅力，感受"更快、更高、更强、更团结"的奥林匹克精神。展望未来，也希望借着粤港澳合办2025年全运会的契机，香港能修建一个国际标准的短道速滑场地，培养出更多优秀运动员，为国为港争光！

—— 中国香港短道速滑运动员朱定文

（北京日报客户端，2022年1月30日）

5. 时效性不能丢

给大家出一道选择题：下列对比中，挑出哪一组是错误的。

A. 通讯生动而形象；消息简洁且具体。

B. 消息让你迅速知道"发生了什么"以及"为什么发生"；通讯，则必须满足读者"想多知道一些"的需求。

C. 通讯比消息更详细、完整，情节多；消息则以最快速度将事件的新闻要素传递给读者。

D. 消息对时效性要求高；通讯可以发稿较慢。

猜出来了吗？答案是 D。

要是几年前来考这道选择题，答案可以是：全对！毕竟，通讯对材料的要求极其严格，需要一个采集、选择和认识的过程。同时，通讯强调报道的完整性，有时候还要等新闻事件展示充分、成果显现时，方能进入采写的步骤。

可是，对不起，如今是快节奏时代！

快节奏时代，人们接受信息的方式五花八门，多种多样，这也对包括通讯在内的所有新闻报道形式的时效性，提出了越来越高的要求。像 2023 年突然袭来的 ChatGPT（聊天机器人程序）旋风，新闻不断：什么百度发布生成式 AI（人工智能）产品"文心一言"，CEO 李彦宏表示"文心一言"和 ChatGPT 仅差距一两个月啦；什么平安银行行长助理蔡新发表示中国必须拥有自己的 ChatGPT 啦；什么马斯克、图灵奖得主等一众大佬签署公开信，联名呼吁暂停大型 AI 研究啦；什么意大利数据保护局要求禁止 ChatGPT 在意大利使用，并对 ChatGPT 应用程序涉嫌违反隐私规则展开调查啦……重磅新闻接踵而至，关于详情的通讯稍有延缓，就会被其他媒体抢了先！

等等，不是说，要等到整个新闻事件有个重要节点，才是动手写通讯的时机吗？

是的，整个事件现在远没有盖棺论定，但是，谁在乎？读者们需要的是尽早知道轰动世界的 ChatGPT 的来龙去脉、前世今生！

【范例 59】

115 棵 84 棵掉叶干枯！北京路边梧桐
今年为何频现枯死？

立汤路道路中间的绿化带里，梧桐和国槐是行道树里的主角。每年到了 6 月的时候，梧桐树早已枝繁叶茂，绿荫盖地，远远望去，满目葱翠，蔚为壮观。可今年这个时候，这片葱翠却连不成片了——每隔几十米就会看到一棵枯树，甚至有的路段连续两三棵树全是枯死的。

一些枯死的梧桐从树干到树枝都是光秃秃的，还挂着很多去年所结的小球果；更多的枯树是一种顽强求生的状态，在枯干、枯枝中努力萌发出新的嫩芽，长出不多的几片叶子。记者从龙德紫金走到太平庄中街路口，700多米的路段，仅路东一侧，竟然就有27棵死树。

清河滨河路两侧也种植着很多梧桐树。在中隐酒店门前的一段道路，两个路口之间也遍植梧桐，这里的梧桐树枯死现象更为严重。记者数了一下，在马路南侧，大约1.4公里的路段内，共有115棵梧桐树，其中84棵出现了干枯的现象。

在通马路上，人们也发现，这里的梧桐树也有很多干枯的，粗略一数，也有20多棵。

究竟是什么原因造成了梧桐树的枯死？记者以市民身份拨打了12345热线，道路养护部门做了回复。原来，看起来高大挺拔的梧桐树，其实还是有些娇气的。作为行道树的梧桐树死亡并不是今年出现的新现象，只是往年数量较少，一段路上间或有一两棵，并不引人注意，而今年则是赶上了"大年"，梧桐枯死现象严重。

据介绍，在北京的城市道路上，作为行道树的梧桐大多是法国梧桐，这是一种从国外引进的树种，对土质、温度要求比较高；而北京的春天，经常会出现倒春寒的现象，3月飞雪也不稀奇。冬季和春季过渡的时候，气温剧烈波动，造成了一些梧桐树钻芽晚、缓芽慢的情况。法桐的根系又广，栽种在路边时往往被石砖围住，限制了生长。这些都会对它的生长产生不利影响。而今年的法桐枯死现象更为突出，主要原因就是今年3月份的那场倒春寒。记者查询发现，3月18日，北京下起暴雪，最高气温只有2.5度，破了近30年来同期低温纪录，这对梧桐树春季复苏造成极大打击，梧桐刚刚冒芽又迅速抽了回去。另外，为了清理积雪而使用的融雪剂也会梧桐树的复苏造成了一定影响。

"这些梧桐树还有救，我们绿化部门也会采取维养措施，通过输送营养液、改良土壤等方法促进梧桐树缓芽。预计大部分树木明年就能缓过来。还有少部分已经完全枯死，救不回来的梧桐树，后期也会进行移除，并在原位置重新种植树木。"一位绿化专家告诉记者，这几年绿化部门也注意到北京的气候不太适合法桐的生长，而且法桐在春季也会像杨树、柳树那样产生飞絮，所以在新植树木时，有些地方已经开始使用国槐、银杏等代替梧桐。

"立汤路上梧桐树枯死的情况我们也进行了逐

级上报，拿到砍伐证之后会对枯死的树木进行砍伐，重新种植国槐。"昌平区道路养护部门的工作人员表示。

（北京日报客户端，2022年6月19日，节选）

【一句话点评】过了这个村，就没这个店，采访多及时。

【范例60】

下水救人的4位好汉都找到了

昨天，本报报道了几位好心人在南二环护城河接力下水救助溺水者的新闻，报道发出后引发广泛关注，热心读者不断提供线索，让我们陆续找到了这4位救人者，他们虽从事不同的职业，却做了同样勇敢的事情。

当天第一位下水救人者名叫范盛源，今年36岁，是做电力工程的，近期正好出差来北京。6月1日傍晚，在护城河边散步的范盛源听到对岸有喊声有人溺水，范盛源说自己没来得及多想，一边抛下了岸边的救生圈，一边跳入了水中。

靠近溺水者位置时，溺水者已经下沉，范盛源根据岸边市民指的大体方位，潜下水去寻找。"其实我自己水性并不是特别好，当时也有过一丝害怕，但想着还是救人要紧，我得下去尝试一下。"不到半分钟，范盛源就摸到了溺水者，用力将他托出水面。此时溺水者已经失去意识，范盛源就一直用手拖拽着他，努力将他拉到岸边。

来到南岸边时，范盛源已经筋疲力尽。但由于水面离栏杆还有一段落差，一时间很难将溺水者拉上岸。范盛源便一手紧紧地抓着溺水者，一手拉住岸边市民垂下的"救生绳"。就在他快要坚持不住时，第二位、第三位救人者相继赶到，接过了溺水者。范盛源随即也被南岸边的市民拉了上去。

上岸后范盛源就默默离开了。"因为我非常清楚自己的水性不太好，但当时就觉得，如果不下水去救人，我肯定会后悔，内心也会有遗憾。"范盛源说。

第二位救人者名叫张冬良，今年40岁，从事IT业。他是铁人三项运动的爱好者。由于之前学过专业的急救知识，上岸后张冬良见溺水者已经没有了呼吸和心跳，便立刻对其进行了心肺复苏。"就想着不论结果怎么样，我不能袖手旁观，去做一些我应该做的，这样就不会后悔。"张冬良说。

第三位救人者叫董文堂，今年 35 岁，是丰台区消防救援支队的一名消防员。

"因为我知道对面就有消防站，就喊岸边的人打 119。开始我想先托着溺水者在水上漂浮一会儿，等专业救援设备来，但后来一想，这样会耽误救援时间，于是赶紧给溺水者套上救生圈，我俩就一起拉着他往北岸游。"董文堂回忆，"我们消防员的天职就是救人，所以真的没什么，这就是我们应该做的。"董文堂谦虚地说。

最后一位下水接力救人的小伙子名叫于宝和，是名 1994 年出生的辽宁小伙儿，在北京做物业工作。当时，遛弯经过此处的于宝和目睹几人接连跳下水救人后，他也赶紧脱了上衣，跳进河里。"我从小是在海边长大，水性很好，就想着下去帮一把。"于宝和说。

于宝和在水中央与张冬良、董文堂会合，三人相互配合着将溺水者拉向北岸边的台阶处。又有两位市民前来帮忙，大家一起合力将溺水者救上了岸。

这是于宝和第一次下水救人："当时岸边有好多人挺着急的，但很多人都不会水，不敢下。我正好会水，自己能帮上忙、有用处，心里挺安慰的。"

4 位热心人的事迹在端午节期间感动了许多读

者，为了鼓励他们这种勇敢无私的举动，北京晚报将联合阿里巴巴"天天正能量"向他们颁发"正能量"奖金 1 万元。

（《北京晚报》，2022 年 6 月 4 日）

【一句话点评】看看，通讯也需要抢时间吧！

七、特写如何有特点

1. 和相亲一样

新闻特写，是随着广播、电视等传播媒介的出现而兴起的报道体裁，它突破了以往新闻报道略嫌刻板的描述形式，更显活力。

特写的写作，是截取新闻事件中具有典型意义的横断面，集中、突出表现新闻事实和主题。特写的类型包括事件特写、人物特写、景物特写、场面特写、工作特写等。除了与消息一样要具备"真"与"快"的特点之外，特写的表现手法更为活跃、跳脱。

特写有点儿像相亲：相亲之前，大家都会精心打扮，为的是给对方一个美好的第一印象，而特写，就是要抓住这个第一印象——捕捉新闻事实中最富有特征和表现力的片段，用最生动的笔触写下来，集中地再现场景，渲染人物。

知道了相亲这个特点，那么教科书上对于特写写作的要求，就容易理解了：

选准一个"镜头"来写；

抓住人物和事物的主要特点；

捕捉人物、事件的动态、动势，刻画其生动的形象；

把人的各种感情恰到好处地表达出来，让情融于事中；

抓取新闻事件最高潮的部分；

在遵守新闻真实性原则的基础上，运用较多的描绘手法，将重点定格。

【范例 61】

吹号少年一下子长大了！

"那个时候我特别激动！"电话那头，9 岁的朱德恩小朋友兴奋起来。他再次想起了那个太过难忘的瞬间：2 月 4 日晚，北京 2022 年冬奥会开幕式上，他用小号吹响了《我和我的祖国》。深情嘹亮的号声回响在鸟巢里，现场和电视前无数观众一下子湿了眼眶，很多网友留言，那是他们当晚最被触动的时刻。

"我没有紧张，一门心思就想把号吹好。"朱德恩说。他牢记着上场前导演老师给他的叮嘱——眼睛睁大，头抬高，腰杆挺得直直的。演奏完毕，在看到国旗升起时，他同时看到："仪仗队的大哥哥流眼泪了，好大一滴眼泪挂在脸上。"朱德恩见到爸爸妈妈已是凌晨时分。"去接孩子时，恩恩一下车，我看见他的第一眼，觉得他长大了。"朱德恩的妈妈张雅楠说。在开幕式前约一周，朱德恩和演职人员一起，住进了封闭式管理的酒店，几天不见，张雅楠觉得孩子既熟悉又陌生，跟从前不一样了。

2月4日晚，全家人在电视机前观看冬奥会开幕式，在国旗入场环节，"突然就听到了号声，很熟悉，好像又有点陌生"。从参加排练开始，小朋友一直严守保密纪律，没有向家里人透露会出现在哪个具体环节，"那一刻，真的有一种冲击力扑面而来"。张雅楠甚至怀疑自己："不可能吧？真的是恩恩吗？"包括朱德恩在内，小号手共有3名人选，"恩恩出来的可能性只有三分之一，所以我们特别激动，爸爸立马抓起小号，跟着一起吹。吹着吹着，电视里出现了恩恩的画面，爸爸激动得'老泪纵横'"。

朱德恩的爷爷朱尧洲是新中国第一代小号演奏家，今年85岁了。朱德恩的爸爸朱光是我国著名小号演奏家、中央音乐学院副教授，另一名候选的小号手梁桐也是他的学生。去年，朱光接到一个电话，希望他为冬奥会开幕式推荐一位小演奏家。朱光首先推荐了13岁的梁桐，对方问，还有没有更小的学生？"再小的就是我儿子了，能用吗？他刚开始学。"

朱光开玩笑地说。对方却没有拒绝，提议说，不妨试试看吧。

"在选拔小演员时，总导演首先要求专业水平过硬，然后希望年龄尽可能小一些。"北京师范大学舞蹈系主任张苏参与过小号手的选拔工作，"小朋友的天真、他认真努力的表达、他眼睛里透露出来的状态，都是成年人的世界里很难具备的"。

从拿到《我和我的祖国》曲谱，到熟悉曲子、录成视频发给冬奥组委，朱德恩只有三个小时的时间。"我们确实没抱什么希望，孩子终究还是太小了，学的时间也短。"张雅楠说。2020 年 3 月，朱德恩正式"拜师"，跟着爸爸学吹号。张雅楠觉得，孩子对小号的兴趣也许得益于天赋和家庭潜移默化的影响，"恩恩小时候就会好奇，为什么爸爸总把号嘴放在嘴里，小号又是怎么发出声音的呢？"

去年 12 月，朱德恩接到通知，要开始参加开幕式排练。"当时也快到期末了，我们一下子紧张起来。"严格的训练马上开始。朱光对孩子展现出了音乐家一丝不苟、精益求精的那一面，练姿势、臂力、肺活量，每天放学回家，朱德恩喝口水就开始练习，吃过晚饭休息几分钟，继续练举号和气息，周末除了彩排，所有时间都被爸爸无情占用。

朱德恩喜欢鸟巢，那里有仪仗队又帅又威武的大哥哥，也有老师和小伙伴。另外两名备选的小号手刘浩然、梁桐是他的好朋友。孩子们明白最终结果三选一的残酷，开幕式当晚，尽管不能上台，另两位孩子也要来到现场，但他们更珍惜这段友情。梁桐给三人组合起名"和平号"。朱德恩说："谁都不会遗憾，三个人是融为一体的。"梁桐也挺起胸膛："不管哪一个人上去了，都代表我们'和平号'。"

（《北京晚报》，2022 年 2 月 7 日，节选）

【一句话点评】感情融入故事间。

【范例62】

闲不住的潘大姐

在郑州市中原区白鸽社区 4 号院门口沿街门洞防疫监测点，不少行人从这儿路过时，看到值守岗位的潘冬梅，总是要和她打声招呼。她热心，待人热情，从居家过日子的柴米油盐，到办理居住证等，潘冬梅都很操心，被大伙亲切地唤作"潘大姐"。

这样一个大忙人，在绿东村街道白鸽社区，潘大姐自然是个名人——她是绿东村街道白鸽社区党委委员、白鸽社区党委技校网格支部书记、建设路派出所协警，亦是伏牛路 156 号院居民，"头衔怎多，我最看重的是辖区一个普通居民，生活在这儿，大伙有啥苦难，我乐意听，也愿意力所能及帮助"。

有了这份承诺，从早到晚、从春到冬，一年四季，潘大姐一直闲不住。白鸽社区辖区商户门店转让、商户谁家居住证到期、楼院里谁家添人口、谁家房屋出租、谁家从外地回来了，她都记在心里，大家有事都愿意找她帮忙。抗击新冠疫情"阻击战"打响，潘大姐更是第一时间加入白鸽社区党员志愿者队伍中，按照白鸽社区党委的统一部署，带领值守监测点的几名志愿者值守在监测点为居民测体温、严格排查返郑人员，遇到年龄大的老人出门的时候，她耐心解释疫情防控的重要性，反复叮嘱他们没事少出门、出门戴口罩、要勤洗手等。

然而，让大家感到意外的是，1月21日，她刚刚做完手术出院，1月30日就按照白鸽社区党委的工作部署，参加了绿东村3号院防疫值勤。大家都劝她，身体要紧，等身体恢复好了之后再来，她却摇摇头拒绝了："我身体没事儿，国家遭遇这么大的难，想尽一份微薄之力，社区工作人员一直连续高负荷工作。我作为社区党员，哪怕是替他们一会儿，让他们吃吃饭，去个卫生间也行啊。"

2月11日，是潘大姐的生日，有着近30年党龄的她，仍然坚守防疫一线。生日当天，她和社区的自管党员吴瑞琪大姐，在洛河路卡口防疫值守一直到夜晚8点钟，直至其他人接班。事后，社区书记李红林才知道，见到潘大姐飞非常内疚，称这事儿他没办好，不知道大姐过生日，真不好意思。听到解释，潘大姐笑了笑说，为国家为居民做些事情，自己心甘情愿；在抗击疫情一线，过了一个特别生日，非常有意义。

作为党员，她以身作则，做宣传，做代表，号召动员其他党员群众加入疫情防控工作中。她把群众的事看做自己的事，把乐于助人当使命担当，把守护楼院安全当分内责任。这些天来，潘大姐以自己的实际行动激励着大家，以严谨的工作态度、共产党员的责任担当，做好疫情防控工作，维护楼院居民的安全，不愧为居民群众的贴心人。

（《大河报》，2020年2月14日）

【一句话点评】看得出来：大姐爱群众，记者爱她……

2. 抓住一点，不计其余

特写和通讯有很多相似之处，区别在于：虽然两者都重视运用形象思维，生动地报道新闻事实，但通讯侧重展示新闻事实的纵断面，而特写则充分展示新闻事实的横断面。

比如2023年4月1日，中国国民党前主席马英九先生携家人到湖南祭祖，《人民日报》发表消息，称"马英九先生携家人来到湖南省湘潭县茶恩寺镇双阳村，在马家祖墓前祭拜祖父马立安，表达慎终追远之意。回乡途中，遇到当地群众问候'欢迎回家'，马英九用湖南方言回应'湘潭伢子回来了！'"并表示"第一次回到祖籍地的马英九宣读祭祖文和受访时几度哽咽，不时拭泪"。

如果就马英九先生祭祖这一消息写一篇通讯，从早晨起床到上车，从"近乡情更怯"，到"乡音未改鬓毛衰"，再到离开，全过程情感的仔细描摹，就能够白描出主人公血浓于水、叶落归根的心愿。如果就这一新闻写一篇特写，那么"采用湖南方言作答""宣读祭祖文几度哽咽"这些新闻点，便可以营造出一个政治人物眷恋故土的思乡情浓立体形象。

请记住：特写无须，也没有必要承担反映整个新闻全貌的重任，也没有必要详尽地描述新闻事件的全部过程，特写只需要撷取一个片段、一个镜头、一个瞬间或者一种情绪，对其作细致突出的描写即可。

针对上述特点，特写写作时就要奉行"抓住一点，不计其余"的宗旨——特写所反映的人物和事件，不是大而全，而是最激动人心的瞬间！尤其需要注意的是，虽然背景对于新闻报道来说是必不可少的内容，但是，特写写作的时候，运用背景资料要适度，千万别太多，因为要为主题服务，不可喧宾夺主，更不能偏离跑道。

【范例63】

梅西的里程碑之夜

3日，艾哈迈德·本·阿里体育场的外墙照上了阿根廷队的蓝白灯光，梅西职业生涯第1000场比赛在这里完美谢幕。

阿根廷队2:1战胜澳大利亚队，晋级卡塔尔世界杯八强。梅西以"6次射门、2次射正、1个进球、88%的传球成功率"为自己的第1000场比赛写下注脚。

赛前，梅西身着蓝衣进入更衣室，满面春风，他的10号球衣挂在中间。

当晚的球场来了4万多名观众，大多数都是阿根廷队球迷，大家都来见证梅西的里程碑之夜。媒体主要关心两个问题：梅西能在世界杯淘汰赛进球吗？他的第1000场比赛会有惊喜吗？

所有镜头都对准了从球员通道走出的梅西，所有人都在期待奇迹。

开场后，梅西一直在中场游弋，不时被对方重点"照顾"。第32分钟，边线附近的贝希奇在梅西压迫下失误，他使劲拽梅西球衣，双方发生了一点摩擦。很快,梅西就用进球给出了最有力的"反击":他内切禁区,从三名防守队员夹缝中射入一记"贴地斩"。

熟悉的进球位置,熟悉的庆祝手势,世界杯淘汰赛阶段终于"开和",梅西的进球为这一夜开了个好头。

之后的"梅球王"愈发受到重点盯防,队友们也陆续伸出援手。第57分钟,德保罗截下澳大利亚门将脚下的球,助阿尔瓦雷斯一蹴而就,阿根廷队2:0领先。

此后一段时间,梅西接管了比赛,他的过人、盘带、远射,眼花缭乱,制造了多次绝佳机会,只可惜都未能再次转化为进球。

如果是太过顺遂的剧本,也会让梅西的里程碑之夜稍显平淡。就在队友频频错失良机后,搅局者出现。

第77分钟,澳大利亚队的古德温在禁区外一脚劲射,球打在恩佐·费尔南德斯身上折射入网,2:1,"袋鼠军团"似乎嗅到了扳平的味道。

阿根廷人慌了,马丁内斯开始"堵枪眼",最后时刻,他没收了库尔的近距离射门,澳大利亚队没能抓住扳平比分的机会。

"没有早点杀死比赛,差点让我们付出代价。"

赛后的梅西心有余悸。

终场哨响，梅西冲着看台挥手、挥拳，他最想感谢的就是球迷。"我知道球迷为了能来现场看球有多不容易，整个阿根廷的球迷都想来这儿，大家的激情、能量、喜悦让一切变得不可思议。"

解锁千场成就的这个晚上，梅西的世界杯进球数达到 9 个，超越了前辈马拉多纳。

就在卡塔尔世界杯刚开幕的时候，有阿根廷球迷在看台上拉起马拉多纳的画像，纪念他离世两周年。如今，35 岁的梅西也走到了职业生涯末期；他清楚地知道，自己的期待，也是阿根廷的期待。

（新华网，2022 年 12 月 4 日）

【一句话点评】逮住"球王"做文章。

【范例 64】

新乡人的"回家之路"

"至少再下降两米才能达到日常水位。"

25 日下午，河南卫河新乡牧野段的水位有所回落，张家老小七口沿着河边回家的路，边走边看。

张先生是新乡城区北部的丰乐里村村民，卫河自西南流向东北，途经村子的西北部。丰乐里村是离卫河牧野段最近的受灾村庄之一。村庄分老、新两个区域，自卫河岸往东分布。张先生住在新村，其父母住在老村。老村与卫河一路之隔，这条路也是一道坝。

24 日，卫河持续涨水，考虑河水有倒灌沿岸村庄的风险，当地组织丰乐里村等地的人员紧急转移，张家人也在其中。被转移后，他们借宿在城里亲戚家。25 日，听说卫河水位回落，张家七口决定返村。

"24 号转移时，河水差 10 公分就漫上这条路了。"张先生的妻子告诉记者，新村地势低，积水严重，新村的家暂时回不去了，"有些地方水深超过一米，一楼都淹了"。

记者跟随张家几口人进入老村后看到，坝上人来车往，偶有村民与张家人寒暄，"家里除了没电一切都好"。

坝下的村街依然有过脚踝的积水，大人坐在门前台阶上闲聊。老村的房子基本没有淹水。

记者是在积水严重的新中大道北段与张家人偶遇的，这里是他们从城里返村的必经之路。

张家人出城时是徒步，后来搭乘上一辆三轮车，把他们送到新中大道北段一处路口。

张先生说，三轮车师傅是看见他们招手，绕路过来送他们的。自己的小女儿下车后向三轮车师傅深深鞠了一躬。

"路上很多铲车、卡车、三轮车，招手即停，只要还有位置，他们都让上车。"张先生抿了抿嘴说，"蹭车是近几天新乡街头最常见的"，"患难见真情啊！"

张先生一家下车的路口，有一座高一米多、长数十米的弧形自筑堤坝。这座堤坝挡住了北侧积水，堤坝往南就是新乡城区。

摄影爱好者范先生拍摄记录了堤坝筑成的过程。他说："这是市民志愿者们自发筑成的一座堤坝，为城区的道路和居民区挡住了洪水。"

范先生住在堤坝南侧的新闻小区，这道坝让他所在的小区免受洪水围困，"我在这里耗了两天，就是为了完整记录下这场感人的民众自救"。

沿着堤坝行走，通过成箱的瓶装水、水果以及一些散落的救生圈可以看出，现场参与人员众多。

再往前的道路水比较深，三轮车无法通过，记者与张家人同乘一辆路过的铲车涉水。行至积水最深处，张家人面色沉重，"这是丰乐里新村，我就住在这里"。

铲车司机叫李瑞旺，是新乡原阳县人，洪水围城前，在新乡城区的工地干活。城区道路积水持续上涨后，一些小型救援车辆无法通行，他和同行就参与到义务救援中。

李瑞旺告诉记者，铲车涉水能力强，他们帮助一些社区单位运送物资，接送需涉水通行的市民，"路上招手即停，有位置我就让他们上来"。

每天早七点，李瑞旺就投入救援中，经常忙到半夜才能回住处。走访被水围困的新乡街头，有很多"李瑞旺"利用各自所长，在不同的抗洪救灾现场"发光发热"。

"只要人人都献出一点爱，世界将变成美好的人间。"在跟随张先生一家回村的路上，他的小女儿轻哼着这句歌词。

（中国新闻网，2021 年 7 月 26 日）

【一句话点评】请读者算算"家"这个关键词的出现频率。

3. 拥有温度

在布置采访工作时，特写往往是伴随消息而生的。

消息需要报道新闻事件的全过程，特写便作为有力的补充，抓住新闻事件中富有特征的片段，写下浓墨重彩的一笔。如果消息是客观甚至冰冷的，特写就能够增加温度。

既然要拥有温度，那么，无论是摄取重大事件关键性场面的事件特写、回顾新闻事件中精彩情景的场面特写，还是展示人物行为的人物特写、描写有特殊意义或有价值的罕见景物的景物特写，抑或是再现某一工作场面的工作特写等等，都可以带有感情。

比如下面这篇来自澎湃新闻 2023 年 4 月 2 日的消息：《孙海洋：孙卓被拐案即将开庭，希望严惩人贩子》，通篇客观描述新闻事实以及孙海洋的诉求："记者从孙海洋处获悉，他 4 月 1 日接到律师通知称，该案将于 4 月 7 日在深圳南山区法院开庭审理。孙海洋称，人贩子的行为给家庭造成了太大伤害，他希望人贩子得到严惩。此外，他要追究吴 × 龙民事责任，索赔 580 万，但'赔多少万都不够'。"

而刊发这篇笔触极其冷静的消息的同时，如果需要配以特写，那么，无论是回顾孙海洋漫漫寻子路的人物特写，还是孙海洋接到开庭通知时的场面特写，都可以倾注记者的情感，甚至可以无惧于立场的偏颇，表达自己的爱憎。

这就是特写，可以而且鼓励在"感情"和"故事"上做文章！

所以，记者写特写，不但要对主人公的喜怒哀乐尽情渲染，把场景的特殊之处肆意描画，而且更要自己带着充沛的情感，善于将情感融入所报道的人、事、景、物中！

富士康"围城"里的年轻人

iPhone14的发售旺季里,富士康的出勤补贴从每天50元一路上涨到了每天400元。在订单的压力之下,哪怕短暂的停摆都会让这座超级工厂感到不安。有人需要钱,而富士康需要人。在富士康,年轻人着急走,又赶着来。他们生产iphone,也喜欢iphone,唯独不喜欢车间。他们是富士康流水线上的匆匆过客,而富士康也是他们漫漫人生的过客。

"30元/小时,无套路""当地县城隔离三天后,统一拉到厂区"的关键信息十分醒目。不久前,旋涡中的郑州富士康即将启动招工的消息刷了屏,时薪30元的价格吸引了很多人的注意力,21岁的王天佑(化名)就是其中之一。

11月9日,王天佑打开抖音,找到了河南当地的一家人力资源服务公司。一番咨询之后,王天佑留下了自己的信息等待后续的通知。

30元一小时的工资,对于河南当地的工厂来说,确实属于高薪。据了解,河南电子厂的工资普遍在5000元左右,每小时的工资只有十八九块。

"他要是要人的话,我现在就买票走了。"王天佑所在的云南曲靖，距离河南郑州超过 1700 公里，直达特快列车跑完全程，用时超过 27 个小时。

这样的距离，对现在的他来说完全不值一提。王天佑刚刚大专毕业，学的护士。在护士资格证考试失败之后，他与朋友合伙贷款买了一辆货车，把目标转向了水果批发生意。

不幸的是，生意失败，再加上每月 1000 元的车贷和一些"饥荒"，王天佑目前的打算是，把车租给昆明的一家公司，然后再找个班上，把欠下的钱还上。

除了富士康，王天佑还打听过昆明的消防员、高速路上的 ETC 安装以及其他的工厂。但有些工厂需要先将人带走去其他地方或者先交培训费，相比起来，富士康没有这样让人顾虑的情况。他打听到的是，在富士康一个月大概能有六七千块钱的收入，因为工期能到明年 2 月，结束之后差不多就可以回家报名重新参加考试。

跟富士康合作了 7 年的劳务中介郑卓胜（化名），愿意将其形容为一个"避风港"。在他的观念里，饭菜便宜，每天的住宿包括水电在内只用 5 块钱，甚至是先刷卡吃饭，再从工资中扣的模式，都能满足为钱所困的年轻人。

"有固定收入的人可能理解不了，有些学历不高又没工作的人，可能真的会面临没饭吃的情况，去富士康起码初期的吃住都不是问题。"郑卓胜接触过这样的人，对方曾经开了一家餐馆，疫情前每年的净收入能达到20万元，但受疫情影响，生活一落千丈。

餐饮不同于其他行业，除了店铺的房租以外，食材的存放意味着百分之百的损失。找到郑卓胜的时候，对方几乎到了身无分文的程度，那时候郑卓胜借了他50元的体检费，双方约定好发了工资再还。在对方看来，"先用后付"的吃饭及住宿真的帮了大忙。

"当你身无分文的时候，可以选择去富士康，但其他地方可能很难收留你。"郑卓胜说。

当然，也有人选择富士康，是为了过渡。28岁的齐瑞涛（化名）曾先后两次进出富士康，皆是因为工作的变动，没能及时找到合适的下家，但却需要持续的收入。

和大部分人一样，齐瑞涛看中的也是富士康的返费。据了解，富士康的员工大体可以分为正式工、返费工以及小时工三种。其中返费工的主要运作模式是在职90天、打卡55天后，在每月收入的基础上，能够拿到一笔万元左右的一次性收入，他们的合同通常只有三个月左右。

每年8—10月，返费通常都会超过1万元。2020年6月，齐瑞涛第一次踏入这座工厂时，富士康给出的返费大约是7500元。

"我的正式员工可能只有200个，但我现在需要1000个人，我就用800个派遣工把这批东西赶出来就可以了，他们的工期可能是三个月或者四个月，这是入职的时候就签好合同的。"

在分析富士康员工的比例时，郑卓胜用了这样一段概括，王天佑也好，齐瑞涛也好，都是富士康临时招来的派遣工。

他们像是候鸟，在需要钱的时候与富士康各取所需，之后再各奔东西。

在这个看似简单的合作里，其实还藏着这样一类人，他们用无数的人脉网络，把富士康招工的消息传播到无数的县城小镇，再把那些有意向的人送到富士康，从中抽取一定的费用。

2015年还在上大二的郑卓胜就瞄准了学校里那些有打寒暑假工想法的同学，那时候往富士康送一个人的报酬是300—500元之间。

在他的印象里，富士康每年都在变，工价也一年比一年高，但厂里的人也确实一年比一年难招。

现在每年通过郑卓胜的公司进入富士康的人能达到500人左右，他能不假思索地概括出富士康招工的曲线图——旺季主要聚焦在下半年的 8、9、10 三个月，每个月经他手的员工都能达到 100 多人。

大约到了 10 月之后，随着订单的逐步减少，对员工的需求也会出现下降，如此周而复始。

这样的曲线与 iPhone 的发售周期完全吻合，每年 9 月，市场都会迎来 iPhone 的新机，前后定是生产的高峰期。

但今年的情况显然有些特殊，11 月 6 日，苹果官网发布了一则声明称，疫情限制暂时影响了其位于郑州的 iPhone 14 Pro 和 iPhone 14 Pro Max 主要组装设施。郑州工厂目前的产能大幅降低。

富士康是苹果全球最大代工厂，传言全世界每生产 10 台 iPhone，就有 7 台出自富士康的流水线工人之手。而郑州富士康又相当于这条供应链的心脏，苹果 80% 的 iPhone 生产位于郑州厂区。

为了拿下富士康，河南也曾使出了浑身解数。11 月 10 日的最新消息显示，目前河南省部分乡镇已收到协助郑州富士康招工的任务，并向管辖村镇分配人数指标。

郑州富士康员工开启"徒步返乡潮"时，张世（化名）曾经自发地驾驶着一辆小货车先后载着四批员工从一个卡口到另一个卡口。不过，在他的记忆里，富士康不是个"坏人"。

"我们村总人口大概3000人左右，大约1000人都在富士康工作，如果时间线拉长点，超过一半的人都曾经在富士康打过工。"张世说。

　　据他介绍，离家近，年龄、学历要求低，省去外出打工的麻烦，还能增加收入，这成了不少当地人选择富士康的原因。

　　"政府都在为富士康招工，点对点发车接送。"另一位同样从事劳务工作的中介人员也如此说道。

　　但现在的情况又有了些微妙的变化，海外工厂似乎变得更具有吸引力了。今年9月，苹果确认，其重要的合作伙伴富士康正在印度第四大城市钦奈的工厂组装iPhone 14，而在这之前，印度工厂仅仅组装旧款机型。

　　即便是做劳务的郑卓胜，有时候也会感慨些产业链方面的问题。比如说着说着他会叹口气，补上一句"富士康也挺难，毕竟订单压在那里，要知道订单一旦去了越南或者印度，就很难再回来了"。

　　（《北京商报》，2022年11月14日，有改动）

　　【一句话点评】年轻打工人的艰难身影。

【范例66】

时隔半个世纪，他见证新老成昆铁路的两次开行

隆隆的列车外，山峰"飞驰"，峡谷闪现。列车一头扎进隧道，窗外的光线瞬间消失……12月26日，媒体的直播画面也随着列车的行进，光线发生着变化，一位白发老人久久地凝视着屏幕，看着列车深入隧道，驶入黑暗又穿向光明。

这位老人名叫谢大芬，半个世纪前，正是在这片黑暗中，他和战友开凿出成昆铁路的一条条隧道。凭着钢钎、铁锹、推车，铁路建设者们以敢叫高山低头、河水让路的豪迈气概，把天堑变成了通途。

这是一条怎样的路啊！外国专家曾断定沿途为筑路"禁区"——暗河、泥石流等地质灾害现象几乎都有出现，地震烈度在7度以上的地段达500多公里。头顶一线青天，脚下万丈深渊，1083公里，30多万人参建，2000多人牺牲。

谢大芬当年只有20岁，在德昌县一带挖隧道。土质多水，边挖边塌，头顶的水土如泥石流般倾泻而下，可以顷刻间吞没一个人。然而止不住这股泥石流，就无法在洞里安钢板、打水泥，后面的大部队就进不来。

"快躲开！"眼看着前方即将塌陷，谢大芬一步抢到前面，用木板死死顶住即将溃败的洞口。千钧一发之际，正下方的三名新兵得以迅速逃生。

　　千山万壑之间，交通运输不畅通，谢大芬和其他战士就去山谷的河里背泥沙送到隧道口，一次至少百斤重，一天不知道要在陡峭山坡上走多少趟。"我们打隧道的兵就是尖刀连，任务艰巨，但也光荣万分。"

　　沙马拉达隧道位于成昆铁路最高点，被称为"成昆之巅"，136位建设者为此献出生命。隧道口立了一块纪念碑，镌刻下成昆铁路奇迹的另一面：为有牺牲多壮志，敢教日月换新天。

　　2021年，谢大芬来到德昌县烈士陵园祭拜。他告诉长眠于此的战友："正在建设的新成昆铁路，就在你们安息的德昌县背后。新铁路的开通，会带来更美好的日子。"

　　谢大芬对新成昆铁路的期待和笃定，来源于他在半个世纪中目睹的巨变。他至今能清晰地回忆起来，1970年7月1日通车当天的盛景。有老百姓走了两天两夜才到西昌站，为了一早的典礼，直接睡在站边的草地里。无数戴草帽、披蓑衣的村民挤进了站台，当南北两列火车缓缓驶进西昌站实现"会师"时，现场10万人欢声雷动，历时12年的成昆铁路终于建成了。

之后的几十年，谢大芬在西昌段担任车务工作，愈加深刻地理解了老百姓们的欢欣鼓舞。成昆线上峡谷纵横，很多小站位于大山深处，除了路轨，再无其他方式与外界连接。这趟列车穿梭在大凉山间，成为沿途群众的致富车、探亲车、上学车。

每年临近春节和火把节，列车上都满载着回家过节的村民，大包小包装满从外地带回来的年货。而临近开春，列车又带着一车车满怀希望外出务工和上学的人们，将他们送到理想的远方。"出门背着编织袋，回家拉着密码箱"，是谢大芬看到的最直观的变化。

因为这条蜿蜒的铁路，攀枝花市从不毛之地已发展为中国现代钢城、钒钛之都。"嫦娥奔月之地"西昌卫星发射中心，也因为成昆铁路的运输保障才能不断取得骄人业绩。一位社会学家评论称，成昆铁路和攀钢建设至少影响和改变了西南地区2000万人的命运，使西南荒塞地区整整进步了50年。

由于身体抱恙，谢大芬心心念念的新成昆铁路通车体验，没能成行，只能通过电视看完直播。但这些年间，他无数次重走成昆铁路，每每坐上列车，都有回家的感觉。窗外的景色不断飞驰，那些半个世纪前初见的沿路田地、屋舍、道路，早已换了新颜。

新成昆铁路修建时所用的先进设备，半个世纪前无法想象。之前艰苦卓绝的历程，今人也难以尽述。铁道兵，一个曾经的兵种，一个消失的铁军，他们的故事，在新成昆铁路的时代从何讲起？莽莽大小凉山间，一条"钢铁巨龙"穿山越岭，时而一头扎进深山，时而钻出隧洞，以近乎笔挺的直线向前。谢大芬相信，铁道兵、成昆铁路的故事，是关于人们团结一心、奔赴美好生活的故事，而这些故事，将随着列车的呼啸延伸到远方，永远写在祖国的大地之上。

（《成都商报》，2022 年 12 月 26 日）

【一句话点评】笔触里流淌着青春的回忆。

4. 语不惊人死不休

记者在写作消息、通讯时，必须要用事实说话，不能罔顾事实而只靠语词来吸引眼球。哪怕是写评论，也要求文字平实，因为展示力量的是你的观点，而非辞藻。

不过特写，倒是给了记者们展示文采的空间。

写作特写的时候，因为完全是主观视角，可以用上写小说的全部技巧，因此颇受记者们的青睐。可是，想把特写写好，也不是轻而易举的事情，需要有"语不惊人死不休"的执着。

"语不惊人死不休"，不是故作惊世骇俗的论调，而是斟酌段落、词句时的苦苦推敲。比如场面特写，应该是动感十足；比如人物特写，要求细节丰满……总之一句话：以强烈的视觉冲击和震撼力、高度的审美，完成对人物或事物的塑造，令读者如身临其境，似乎能够感受到主人公怦怦跳动的心脏。而且不仅仅是内容，从主题的选择，到标题的拟定，都要有"语不惊人死不休"的精神！

怎么样，还觉得特写容易吗？

遥想 2001 年 7 月 13 日，北京时间 22：00，万众瞩目的 2008 年奥运会举办城市终于在莫斯科国际奥委会第 112 次全会中揭晓。随着奥委会主席萨马兰奇一句平稳而有力的声音——北京！中国万众欢腾！在北京，40 万群众拥向天安门狂欢，由天安门向外辐射的所有道路都是人头攒动，人们欣喜若狂。记得当时报社所有人在结束工作之后，立刻奔赴天安门，加入狂欢的队伍，其中也有部分记者担负着报道任务。

老实说，申奥成功场面的消息并不是很难写，如此重大的新闻，白描就可以描绘出祖国强盛、人民自豪的场景；专访也事先做了准备。唯有特写，最让我们犯难：该如何撷取最动人的镜头，映射这一大事件呢？

是天安门前的人群？这肯定是明天各个媒体一致的选题。

是延绵数小时的狂欢？这也逃不脱其他同行的眼睛。

在一次次斟酌之后，一位记者讲述了她最强烈的感受：笑脸！大街上遇到的所有人，都摆出象征胜利的"V"字形手势，面带明媚笑意；素不相识的人们目光交接，传递的都是天真无邪的纯洁笑意；她还发现街边小贩在做生意时，也是带着掩不住的笑意，还主动抹去零头；更有一对夫妇在四合院门口因为琐事发生口角，经过路过者以"申奥成功应该高兴"的理由劝说，也立刻"休战"，笑容浮现……

于是，我们迅速拟定"北京的笑容"一题，请记者写就充满真实情感、饱有温度的特写。

【范例 67】

离开地球的日子里

3 名航天员离开地球的时候，黑龙江依安县的西瓜还是青绿的秧苗。红星乡的农户刘伯真每天都要下地，伺候他那 60 多亩西瓜秧。

一晃 3 个月，刘伯真的西瓜已经瓜熟蒂落，弟弟刘伯明，也在这个丰收的季节，回到了地球。

是的，外人眼中光芒四射的中国航天员，多数就来自这样普通、朴实的家庭。57 岁的聂海胜，也出生在湖北枣阳一个农村家庭，幼年家境贫寒，甚至吃不饱饭。

在湖南湘潭的湖桥镇，航天员汤洪波 73 岁的父亲汤海秋承包了一口鱼塘，即便烈日当午，老人家还是要戴着草帽，站在塘边撒鱼饲料。

当3名航天员远离地球、巡游寰宇时，留在家乡的父老乡亲们，仍在一如既往、年复一年地耕耘劳作。荣誉，属于国家和民族。

离开地球的3个月，3名中国航天员在太空中也一样辛勤"耕耘劳作"。两次成功出舱累计超过13小时，圆满完成了舱外活动相关设备组装、全景相机抬升等任务。

开学第一课，聂海胜在空间站里打起了太极，汤洪波"用筷子喝茶"，刘伯明用毛笔写下了"理想"两个大字。航天员为全国中小学生进行了一场生动的科普教学和爱国主义教育，爱科学、爱太空的思想种子，在一个个幼小的心灵里生根发芽。

3名航天员与近300名香港青年学生、科技工作者和教师等展开了一场别开生面的"天地对话"，每一位香港学生代表的提问，都得到了航天员的耐心解答。这场名为"时代精神耀香江"的主题活动，又一次在香港掀起了航天热潮。

离开地球的日子里，中国航天员还用一组震撼大图实现了刷屏的传播效应。这组由航天员拍摄、中国载人航天办公室官方发布的图片，让全世界看到了人类共同的家园：索马里半岛轮廓清晰可见，北非大地灯火通明，伊犁河谷壮美绝伦。还有汤洪波舱位上方粘贴的儿子照片，那是一位英雄父亲对亲人的思念。

最振奋人心的，还是那一声来自太空的祝福："祝伟大的中国共产党生日快乐！"国旗、党旗、党徽，辉映着蓝色的星球，红蓝融合，宣示着一个民族的生生不息。

离开地球的日子里，牵挂和关注3名航天员的，又何止是父老乡亲。

为迎接3名航天员安全、顺利归来，着陆场系统制定了周密、谨慎、温暖的搜救方案，提出了"舱落人到"的搜救目标。固定翼飞机、直升机、全地形车，3支搜救分队反复演练形成7套搜救战法和指挥决策流程，着陆区周边3旗3县1市地方政府准备了近20支搜救预备队随时可以投入应援。

在距离东风着陆场数千公里外的海南文昌，天舟三号货运飞船与长征七号遥四运载火箭组合体已垂直转运至发射区，发射前的各项功能检查、联合测试正在紧张进行。

天舟三号择日发射后，神舟十三号载人飞船将会紧随其后，搭载另外3名中国航天员飞向太空，迎接时间更长、难度更大、要求更高的太空挑战。

（新华社，2021年9月17日）

【一句话点评】离开地球？还真没错！

【范例68】

一场既有"速度""力度"又有
"难度""温度"的救援

2022年9月5日12时52分，甘孜州泸定县发生6.8级地震。地震发生后，四川消防上千名救援人员第一时间集结，紧急赶赴抗震救灾一线开展救援。他们本着"生命至上、人民至上"的理念，与时间赛跑，争分夺秒救人，想尽一切办法，不放过任何一丝希望。

在这场救援里，有速度、力度、高度、难度，更有温度，每一份力量都是共渡难关的希望。

速度：争分夺秒、迅速集结

地震发生后的第一时间，四川省消防救援总队立即调派泸定县前突小组30人赶赴震中核查灾情，调派甘孜、成都、德阳、乐山、雅安、眉山、资阳等7个支队共530人地震救援力量立即赶赴震中开展救援。

力度：上千名消防救援人员投入抗震救灾中

截至9月8日9时，四川省消防救援总队共调动甘孜、成都、雅安、德阳、凉山、资阳、乐山、眉山、攀枝花、训保10个支队，1095名消防救援人员，270辆消防车，17头搜救犬，36艘舟艇驰援震区，全力投入被困人员搜救、危房排查、受灾群众集中安置等抗震救灾工作。

目前，消防救援队伍共搜救被困人员235人，紧急疏散转移遇险群众6445人，排查危房9076栋。

高度：临危受命的高空"飞鹰"

在这场艰苦的抗震救灾战役中，有一支特殊的队伍——成都消防飞鹰航空救援队。他们星火驰援，生死时速，突破极限开展侦察，争分夺秒搜救群众，为震中灾区架起了空中"生命桥梁"。

为了能成功传回灾区第一手信息，第一时间近距离摸清震中情况，飞鹰救援队迅速突破山脊线，执行地空拍摄任务。冒着余震和低飞带来的危险，总飞行3小时20分钟，总距离近400公里，成功回传30分钟视频和上百张灾区照片。

由于震后巨石滑落堵塞进乡道路，石棉县草科乡成了"孤岛"。9月6日，飞鹰航空救援队接到从空中转移草科乡被困群众的任务。队员们一边开展救援行动，一边同当地群众一起对杂物进行清理，仅用了不到1个小时，就成功开辟完成2个大型直升机起降点，实现了人员和物资的循环运输。9月6

日 15 时 40 分，飞鹰救援队安全往返 2 个架次，营救被困受伤群众 14 人，其中危重伤员 3 人。

难度：遇落石、步为尺，渡激流、绳为引

地震发生当天，泸定县得志街消防救援站立即赶赴震区，在行进至赵家沟隧道入口前 300 处时，道路右侧山上突然滚落下一块直径约 2 米的巨大石块，险些砸中消防车。紧急避险后，消防车载着救援人员仍坚定地驶向前方。

地震发生后，乐山消防第一梯队增援力量迅速赶往灾区。在距离磨西镇约 2 公里处，遇到道路塌方。为了能第一时间赶往震中，面对几乎无法下脚的斜坡，救援人员手脚并用，踩着松动的石块、泥土艰难前行。

9 月 5 日 17 时，海螺沟景区大队在蔡阳村河坝发现有被困人员。为尽快将群众转移至安全地带。消防救援人员砍来 4 根木头，在湍急的河流上搭建起一个简易的"生命通道"，与其他救援力量一起经过 3 个多小时的接力救援，成功将 25 名被困人员转移至安全区域。

9 月 6 日 14 时 40 分，救援队伍终于靠近了雅安市石棉县王岗坪乡幸福村，但由于轮渡没有停靠点，一行人便从浅滩涉水上岸。刚下水没多久，远处便传来了"轰隆隆"的声音，河水也开始上涨。"山洪来了！"短短10分钟，河水从膝盖处上涨到大腿，浅滩的泥阻碍了救援人员前进脚步，河水中冲过来的石头也撞击着大家的双腿。"加油，互相拉一把！"最后，这支30多人组成的救援队伍终于登上了高处岸边。"回头看去，浑浊的河水带着泥沙和石块滚滚向前。"队员说。

然而真正的挑战才刚开始。通往幸福村的山路坡度接近70度，在逐渐往上攀爬的过程中，医护人员已经开始体力不支，消防员们丢掉自己携带的饮用水等生活物资，将医疗队的医用装备背负在身上。遇到特别陡峭的山路时，消防救援人员还利用绳索搭建绳桥，抑或是俯身搭建人梯，让医护人员踩着背往上攀爬。终于在16时左右，到达了幸福村受灾群众安置点。

地震发生后，距离震中20公里范围内的得妥镇紫雅场村附近有大量群众被困。因部分山体垮塌，导致通往该村的道路中断。消防救援人员立即成立搜救分队，通过水路展开搜救。根据得妥镇前方指挥部工作安排部署，在得妥镇大桥下通过救援舟艇，对紫雅场村被困群众进行疏散转移。27名消防救援人员组成的救援队，采取"1+2"的模式展开救援。在持续三天的救援中，现场救援力量分两批，一批利用舟艇转移被困群众，另一批返回村子开展住户排查，确保无一人遗漏。

由于地震造成了山体滑坡，通往共和村的道路被阻断，但该村有被困群众急需转移。9月7日，成都消防飞猫救援队前往塌方地点搭建绳桥，为后续转运开辟生命通道。

面对一个又一个接近垂直的垮塌点，"飞猫"队员们没有畏惧和退缩。在转移中，他们有的将儿童背在身后，有的紧紧护着老人，一遍遍往返在峭壁上，成功将被困的9名群众安全转移。

温度：来自"双向奔赴"的感动

"小伙子辛苦了，快来烤火，先把身子烤暖了再继续工作……"震后第一夜，消防救援人员连夜挨家挨户协助村民开展隐患排查。安置点的群众见到在低温下仍值守的消防救援人员，纷纷热情邀请其上前烤火取暖。夜晚的燕子沟气温不到10℃，但这样暖心的话驱散了震后第一夜的寒冷，化为了共渡难关的温暖力量。

当灾难来临时，总有一些人逆行而上。

（澎湃新闻，2022年9月8日，节选）

【一句话点评】镜头感扑面而来，令人动容。

5. 华而不实与贪大贪多

对于刚入门的年轻记者们来说，特写的写作往往容易犯两个错误。

首先是华而不实。

因为特写可以尽情展示文采，有些记者往往陶醉于句式的优美、排比的气势磅礴，导致内容空洞，节奏感差，阅读体验不佳。

如何解决？思想上，要明白，文采可不是华丽辞藻的堆砌，而是平实之中见真章。执行中，可以先看事实，如果事实过硬，再去潜心研究哪个词更优美，更适合。如果事实没讲清楚，先停止对美丽词句的搜肠刮肚，把感染人心的主题找到再说。

其次是报道过量。

因为特写更多是主观体验，不少记者可就随心所欲了，怎么随意怎么来，导致文字繁复、段落无序、主题纷乱。

如何解决？记住八个字：宜短忌长，以少胜多！

【范例 69 】

与 F67 的约定

"我始终认为，绿水青山必须要有生灵的陪伴，才是真正的好环境。"

——潘清泉

F67 是什么？或许你怎么也想不到，它是一只天鹅，一只脖子上戴着颈标"F67"的疣鼻天鹅，国家二级保护动物。

潘清泉遇到 F67 的那一天，正值北京的初冬。2016 年 11 月 5 日，天气微凉，潘清泉像往常一样，在用镜头记录正在建设中的南海子公园。突然，他听见一片水域中有动静，走近一看，是一只天鹅被困在了一张废弃的防护网里，正拼命挣扎。

潘清泉急忙找来棍子，一点点把网挑开。天鹅慢慢地钻了出来，扑腾着翅膀逃到了离潘清泉 20 多米远的水面。它想要飞走，却没有飞起来。

就从这一天开始，潘清泉每天都来这儿看望这只天鹅，早晚各带一些吃的，玉米、花生米等。"我知道它不是一只普通的天鹅，它脖子上的'F67'颈标，肯定是科学家用来研究鸟类迁徙的。"

这一次相遇，让潘清泉和 F67 结下了不解之缘。

46 岁的潘清泉小时候曾是一个"牧鹅少年"。为了生计，家里养了三四十只大鹅，鹅蛋就是家里最大的经济和营养补贴。母亲对鹅极为重视，每天早晨都让潘清泉把鹅赶到家对面的河里去觅食。

一天清晨，潘清泉被母亲拉了起来。带着"起床气"的潘清泉挥动手中的竹竿,把鹅群往一个五六米高的岸堤边赶。大鹅们一时间被吓到了,跑在前面的几只扑腾着翅膀飞了起来。这一幕把潘清泉看傻了!"太美了!那个画面深深刻在了我的脑海里。"从那以后,他开始天天早起赶鹅,就为了看大鹅"展翅高飞"的景象。

没过几天,他这种"野蛮"的赶鹅方式就被母亲发现了。当知道儿子此举仅是为了看大鹅"展翅高飞"时,母亲对他说:"我曾听人说,新疆有个天鹅湖,你好好学习,等长大有本事了就去天鹅湖看。"

去天鹅湖看天鹅的"梦"就在潘清泉幼小的心中萌芽了。

长大后的潘清泉成了一名职业摄影师,从山东老家到了首都北京。2011年时,他跟着大兴区摄影家协会到山东威海的烟墩角村拍天鹅。

寒冷的冬日,就在烟墩角这个小渔村,潘清泉看到了儿时梦想的天鹅湖场景。

20世纪70年代,当地农民袁学顺救助了一只受伤的天鹅,等天鹅伤势好转后将其放飞,并在此地设立了大天鹅救助放飞监护基地,监护伤愈天鹅后期生存,并为它们提供必要食物。

袁学顺每天给那里的天鹅们投食,守护它们,防止它们遭受二次伤害。渐渐地，这里的天鹅越来越多，来烟墩角过冬的天鹅最多时达到了 700 多只。

从 2007 年开始，烟墩角村被划为荣成大天鹅国家自然保护区的一部分。如今，每年冬天来保护区过冬的天鹅将近 5000 只。烟墩角成了名副其实的"天鹅湖"！

"我特别羡慕人家村前就有一个天鹅湖，什么时候我家门前也有一个，那该多好！"每年冬天回山东老家的时候，潘清泉都会绕道去烟墩角村欣赏天鹅。

F67 的突然出现，激活了潘清泉的天鹅湖梦。"我好好投喂它、守护它，希望它也能留下来，那我家门前也会有天鹅湖了！"每天早晚，潘清泉就像照看自己的孩子一样，守护着 F67。

碰见 F67 后的第 39 个早晨，寒风凛冽，湖面全部结冰，潘清泉像往常一样早起去投喂 F67。这么多天的朝夕陪伴，天鹅已经认识了他，一看见潘清泉，立刻踏冰过来。

令潘清泉意想不到的是，F67 吃完花生米后，在冰面上强行起飞，在他头顶上盘旋了三圈，径直向东南方向飞走了！"那一瞬间，我像失恋了一样，又好像丢失了一件宝物，心灰意冷。"他赶紧把 F67 的照片发到了全国摄影发烧友群里，希望拍到 F67 的影友能第一时间通知他。

3 天以后，真的有影友给潘清泉发来了 F67 的信息。此时的 F67 正在潘清泉熟悉的烟墩角那片海湾里，虽然显得不是那么合群，但是是安全的。"我激动得眼泪哗哗的，夜里都没睡好觉。"

潘清泉照样到南海子公园拍摄这里的变化。南海子公园是北京四大郊野公园之一，通过棚户区改造和拆除违法建设，腾退低端产业，已经形成了包括 5 个景区、16 个景点的生态景观区。到 2016 年，公园二期建设已近尾声。二期建设继续恢复生态湿地和挖掘南海子文化的特色，培育和保护生物多样性，以再现当年皇家猎苑的良好生态，让鸟类回归。

"只要有天鹅，这儿也能成为天鹅湖。"用镜头记录公园变化的潘清泉相信，随着环境好转，南海子也将成为天鹅的福地。

被南海子公园环绕的麋鹿苑，曾引进了 8 只鸿雁。随着繁殖数量逐渐增多，不少鸿雁被引到了南海子公园安家。潘清泉发现，有鸿雁在的地方，路过的天鹅都会降落，鸿雁和天鹅相伴相亲，成了最好的玩伴。F67 飞走后，潘清泉每天早晚固定时间来投喂鸿雁。他期待着有一天，鸿雁能把 F67 带回来。

潘清泉怎么也没想到的是，就在 F67 飞走后的第二年迁徙季，它竟然回来了！而且还带着自己的"媳妇儿"，双宿双飞，落脚在了南海子公园。

"我再次见到它的时候，热泪盈眶，它真的还记得我，看到我就直接过来了。"

这次重逢，让潘清泉更加坚信，南海子适合天鹅栖息，也能变成北京的"天鹅湖"。

赶上迁徙季节，潘清泉就对天鹅、鸿雁一起照顾，几乎每天早晚都在水域边守候，不仅驱赶那些可能伤害它们的流浪犬、黄鼠狼，还提醒前来拍摄的摄影师和游客，不要下到水边惊扰到它们，要和野生动物保持安全距离。

不少热心人看到潘清泉的行为后，提出要像他一样当志愿者，来南海子守护天鹅和鸿雁。"你能像我一样坚持每天早晚来吗？"老潘给志愿者设了很高的门槛。

第三年的迁徙季，F67一家三口来看老潘；到了第四年，F67成了头鹅，带着18只"亲朋好友"一起飞来；第五年，迁徙天鹅的队伍壮大到三个家族，共80多只；第六年，包括F67在内，一共飞来了200多只天鹅；今年是第七年，天鹅数量创了纪录，共有11波天鹅在南海子歇脚，总数超过了420只。

潘清泉的天鹅湖梦实现了！经过十多年的建设，南海子公园总面积超过11平方公里，成为本市最大的湿地公园。随着湿地生态系统不断优化，南海子公园日渐成了北京地区重要的鸟类栖息地，也是华北地区迁徙鸟类的重要中转站。每年的 1 月至 3 月，很多候鸟会把北京当成高速路上的"服务区"，选择在南海子公园歇歇脚，北京生物多样性保护研究中心已在这里监测到超过 200 种的野生鸟类。

"我始终认为，绿水青山必须要有生灵的陪伴，才是真正的好环境。"老潘坚信。

七年间，F67 每年都要飞行迁徙几千公里，每次它都会在南海子公园停留，来看看老潘。而老潘依然每天守候在南海子，当迁徙季来临时，他总是提前去那儿，等着 F67 回来。

他跟 F67，似乎早已有了约定。

（《北京日报》，2022 年 6 月 8 日）

【一句话点评】平实的文字，写出厚重的故事。

【范例 70】

郑小闷不再"闷"啦

"闷"指烦躁，不舒畅。济源市坡头镇柳峪沟村的郑小闷埋怨父母起的名字不好，让她"闷"了好几次。

郑小闷家有 3 口人，郑小闷 1956 年 12 月出生，肢体残疾二级，无劳动力；丈夫王得领，1956 年 1

月出生，因患过胃癌，不能从事体力劳动；儿子王志强，1990年7月生，因照顾父母，只能在周边打零工，全家生活窘迫。

第一次"闷"是因为她2013年下肢瘫痪，2016年丈夫得了胃癌，她郁闷了，对生活失去了信心。恰逢国家实施脱贫攻坚工程，2014年济源职业技术学院对柳峪沟进行帮扶，体育部主任张有智被定为郑小闷的帮扶责任人。

2017年8月，帮扶责任人张有智根据郑小闷家的情况，组织爱心人士捐款2400元，购买了5只小羊羔。羊羔买来了，满心希望可以发家致富，可几个月过去了，不仅感觉到5只小羊羔没有长大，而且还萎靡不振的样子，好像不适应新家庭一样。这可急坏了帮扶责任人和郑小闷。这一切，驻村工作队看在眼里，记在心里。工作队利用周末回市区的时间，到济源市畜牧技术推广站咨询养殖技术，技术人员段柳艳了解到郑小闷家养羊遇到的技术问题后，主动要求和她家结成养殖技术结对帮扶。

养羊给这个原本死气沉沉的家庭带来了生机和活力，羊羔也生长得越发壮实。每天放羊的王得领身体日渐好转，王志强也从家庭琐事中解脱出来，到坡头镇区一家企业上班，月收入在3000元左右。

2018年春季以后，郑小闷家又因羊而"闷"。羊羔渐渐大了，也到了繁殖期，原先在自家门口建的养殖场地，地方小，还不卫生，建新场地吧，又拿不出钱来。为此，王得领急得到处找"路"。在帮扶责任人张有智的帮助下，郑小闷家在社会扶贫网发布了资金需求，迅速对接了1212元。再加上爱心人士的救助，郑小闷家投资1821元，建设了自己的新羊舍。家里的羊产业正式起步，由最初的5只羊羔发展到18只大羊。2018年底，郑小闷家也光荣地脱了贫。

2021年8月 郑小闷再次"闷"了。8月的一个晚上，郑小闷家的孩子下夜班途中摔了一跤，造成神经受损，手术花费较大；术后肢体无力，不能干重体力活，他家唯一的一个有正常收入来源的人也没有了；后期孩子康复费用还很大。郑小闷比上次更"闷"了。工作队得知消息后，及时把她家纳为监测户，进行重点帮扶。队长李光辉开车拉着一家人到孟州市她孩子工作单位报销医疗费用；第一书记翟立新拿着病历到处找医生询问后期治疗办法，及时解决其医疗费用。同时，社会各界纷纷伸出援助之手：济源红十字会补贴1000元，坡头镇红十字会补贴2500元，坡头镇补贴灾后重建资金5000元，帮助郑小闷全家渡过难关。

张有智作为她家的帮扶责任人责任更重了，来得更勤快了。9月份，因雨涝，地里泥泞，玉米无法收割，帮扶责任人张有智在国庆节当日，带领党员干部利用难得的晴朗天气，抢收抢种，帮助郑小闷家把四亩玉米从地里背出来，保证了秋粮入仓；学院党委书记王四战、院长李国锋也分别到家进行看望，鼓励郑小闷家人树立信心，在学院的帮扶下开展自救，尽快走出困境。

郑小闷说，有党的好政策，有学院的帮扶，遇到再大的困难我也不会"闷"了。

（《大河报》，2021 年 11 月 24 日）

【一句话点评】文章不长，可"闷"了三次的故事讲得很透彻。

八、手记不是温暾水

1. 写自己的感受

记者手记和特写算不算新闻，是有一定争议的。原因就在于，二者都是从主观的视角出发。

记者手记，通常采用第一人称，是记者在采写过程中，针对某一新闻事实所产生的感受与思考，或者是评述、意见和希望。你也可以把手记所呈现出来的内容，看作是新闻背后的故事。

在记者看来，手记如同唠家常，是用更通俗而非书面的语言，给读者讲述自己在新闻现场的所见、所闻、所感。一句话，手记就是"写自己"，写记者身处现场的感受——这感受当然不是想啥说啥，是要经过巧妙设计的，要补充新闻报道因篇幅等其他原因而没有说透的，又比较重要的那些事儿。毕竟，手记往往是与消息等配发的，涉及新闻报道的整体策划。

比如，类似全国两会这样万众瞩目的重大新闻，媒体往往以专题的形式进行集中报道。其中，以追求客观为特征的消息、通讯等体裁自不必说，记者手记同样是专题策划中必不可少的部分。因为专题切忌角度单一、缺少层次，而记者手记恰恰填补了"自己"这个角度的空白！通过让记者"写自己"，能够起到以小见大的作用，让读者随着记者的笔触，了解两会"放松时间"、代表"聊闲篇儿"时候的小故事，听记者的感受……

严肃认真的专题，正因为记者手记的出现，变得张弛有度，整个报道也显得角度多多、层次分明。

【范例 71】

如果爱，请留下

一座好的城市，不会辜负热爱它的人们。在这里，"聚天下英才共建贵阳贵安"从来不只是一句口号，做好高校毕业生的"娘家人"，当好服务人才的"店小二"。今年以来，贵阳贵安更是对人才"爱得深沉"，以最给力的政策、最周到的服务、最贴心的关怀为高校毕业生来筑留筑创业就业打造了人才政策"大礼包"。

在求职方面，给予求职创业补贴，筑梦驿站免费住，"零门槛"落户；在就业方面，制定基层招录（聘用）优惠政策、给予基层专业技术人才职称、安家费、薪酬补贴、租房补贴、入住青年人才公寓、一次性吸纳就业补贴等。

如果爱，请留下。在贵阳贵安，努力提升技能的快递小哥备受尊重和礼遇；在贵阳贵安，年轻的大数据企业家得以收获幸福、成就自我；在贵阳贵安，识才、爱才、用才、容才、聚才的空气正充盈整个社会空间，各路人才正汇集成奔流江海，踏浪而来。

（《贵州日报》，2023 年 3 与 30 日）

【一句话点评】我思故我在。

【范例 72】

期待更多的"从来没见过"

"从来没见过这样编制一座城市的规划""从来没见过一座新城这样重视优秀传统文化传承""从来没见过地上、地下、'云'上'三城'一体规划和建设""从来没见过这样大力度治理白洋淀""从来没见过建设一座承接北京非首都功能的新城"……6 年来，从"一张白纸"起步，雄安新区稳扎稳打、渐入佳境，凝聚成这一个个"从来没见过"的惊叹！

惊叹之余，是无处不在的惊喜：启动区的路网结构更清晰了，扁平化的管理机制更顺畅了，容东安置片区更有烟火气了，街头的无人售货车更智能了，回迁群众脸上的笑容更灿烂了，基层干部干事创业更有心劲儿了，"千年秀林"的白蜡树又长高了，白洋淀的鱼类和鸟类又变多了……曾多次到访雄安新区的同事这样评价："无论第几次来，都会被这里的新气象新面貌感染，不由自主地欣喜、振奋，这是一座变化的城市、流动的城市、生长的城市。"

有惊喜的变化，也有执着的坚守。习近平总书记强调："建设雄安新区是千年大计。新区首先就要新在规划、建设的理念上，要体现出前瞻性、引领性。要全面贯彻新发展理念，坚持高质量发展要求，努力创造新时代高质量发展的标杆。"从"一张白纸"到"塔吊林立"，从"规划先行"到"雄姿初现"，雄安新区始终坚持"世界眼光、国际标准、中国特色、高点定位"，始终坚守"要和北京非首都功能转移相衔接"的初心，始终聚焦"努力创造新时代高质量发展的标杆"目标。

伟大的实践，要有科学理论的指引。当前，雄安新区已进入承接北京非首都功能和建设同步推进的重要阶段。在以习近平同志为核心的党中央坚强领导下，在习近平新时代中国特色社会主义思想的科学指引下，雄安新区一定能够肩负起"努力创造新时代高质量发展的标杆"的历史使命。只要保持历史耐心和"功成不必在我"的精神境界，一茬接着一茬干，一年接着一年干，一张蓝图干到底，雄安新区这座令人"心向往之"的未来之城，一定会给我们带来更多惊喜，一定能够创造更多的"从来没见过"！

(《人民日报》，2023 年 4 月 2 日)

【一句话点评】个人感受，映射时代的发展。

2. "边角料"有大用场

记者辛辛苦苦采访一番，写成了消息稿，可总剩一些"边角料"，丢了总觉得可惜——这时候，不妨仔细审视一番，看看有没有符合记者手记要求的素材，没准就能整出一篇与"消息主菜"相搭配的"手记小吃"呢！

为啥"边角料"能用上？这是由手记的写法多样决定的：

比如，可以从采访中发现的一件小事谈起，聊聊自己的看法，当然这"小事"其实并不寻常，往往折射着"大事"的因与果；

比如，可以讲述自己对事件的判断和评价，然后把那些经过选择的"边角料"串起来，作为论据；

比如，可以由一个人物或一件小事产生联想，对比过往采访到的类似场景或人物，探讨其中的规律性。

总之，手记尽可以灵活写作、不拘一格，记事、议论、抒情"条条大路通罗马"，杂文笔法、散文笔法、政论笔法"百花齐放"，篇幅也不必受限制，几百字到千把字都可以。

　　举例说，在阔别两年、延期三次之后，第 35 届北京图书订货会在人山人海中开幕了。这次订货会也是中国国际展览中心在 2023 年春节后的第一项大型活动。订货会非常火爆，在开幕当天 10 点钟，地图应用上显示国展中心附近的一小路段为极度拥堵的深红色，两站公交车竟开了半小时，更多的人选择在距离国展中心几站地的时候下车，步行前往。站在附近天桥上，一眼就可以看到许多人挤在门口……

　　这些生动的场景，自然逃不过记者的眼睛。除了场面极其火爆，包括"书展上的直播间""疫情之后老友相聚"等话题也一一在列。搞定了新闻消息主题之后，在讨论中，熟悉出版业的记者提出了一个问题，即参会人群虽然爆棚，但是其中出版同行很多，实体店的人来得却很少。这是个好问题！我们顺着问题引申，依次聊出"新媒体渠道给的折扣低带来冲击""线上渠道变得愈发重要""危机和焦虑依然笼罩着许多出版人"等内容。随后，我们商定了"人头攒动不等于行业繁荣"的主题，把消息没有采用但与此有关的"边角料"捡拾起来，再把记者基于对行业的了解所提出的困惑与可能的解决之道列出——经过一番组合，一篇有思想、有温度的记者手记诞生了。

敢于"争先"方能"领先"

到邳州的第一站是炮车街道，同时也是邳州高新技术产业开发区的所在地。记者对"炮车"名字的由来感到好奇，经当地人解说，据传，三国时期曹操在此做霹雳战车攻打吕布，故名"炮车"。而如今，也有企业在此造车，逐渐形成了新能源汽车产业集群。

在现场我们听说，一个百亿级新能源汽车零部件项目从签约到产品投产，仅用了 8 个多月的时间，不禁为"邳州速度、邳州效率"而感叹。

在和当地官员交流的过程中，听到最多的一句话就是"区域竞争不进则退，慢进也是退"。在邳州，把重大项目作为推动高质量发展的"牛鼻子"和"压舱石"。围绕世界 500 强、央企国企和行业头部企业，邳州板块联动，精准发力，一个个重大项目开花结果，一座座现代化厂房拔地而起。

"取乎其上，得乎其中；取乎其中，得乎其下；取乎其下，则无所得也。"在邳州几天的采访，让我深刻体会到这句话是解码邳州高质量发展的最佳注脚。

近年来，邳州的定位从"全市当排头、全省争进位"到"树牢标杆意识，争创高质量发展示范市"，目标只有一个，那就是"当排头、做标杆"，把邳州的发展推向新的高度，让百姓的获得感、幸福感更加充实。

苏北县域首家全国文明城市、苏北县域 GDP 率先跨上千亿元台阶、江苏省高质量发展先进县、年度综合考核徐州市第一名……一连串亮眼的成绩见证着邳州争先发展、豪情激扬。

奋力争先、勇于创新、敢为善为、务实落实……成为邳州发展的鲜明特质。在高质量发展的新征程上，期待邳州继续保持这样的状态，创出更辉煌的业绩。

（央广网，2023 年 4 月 5 日）

【一句话点评】全是细碎"边角料"，组合起来很耐读。

【范例74】

勇担时代之责　彰显芳华之美

高扬理想之旗，勇担时代之责，彰显芳华之美。

在报告会现场，荆楚巾帼力量的优秀代表，满怀柔情，胸怀信念，不让须眉，挺膺担当，奋力拼搏，用奋斗的青春书写新时代的华章。

"这是什么声音？"当武汉市盲童学校的学生，听到阵阵编钟乐曲走上活动舞台，纯净的童音传达出对美妙世界的渴望。当省博物馆讲解员温情地向学生讲述荆楚编钟的故事，学生伸出双手触摸编钟时，荆楚文化穿越时空，落在这群可爱的孩子手中，动人的画面让不少观众泪目。

"让我们的技术引领世界产业发展的新方向！"当湖北省农业科学院果树茶叶研究所、柑橘研究室主任张蕾站在舞台上，铿锵讲述她的猕猴桃科研经历时，一位女科研工作者用坚定前行的脚步追逐科技创新光芒的故事，令在场所有人肃然起敬，"她"力量的背后满是坚韧与执着。

《一次鞠躬的故事》情景剧，讲述了女信访干部张晓磊不为人知的"酸甜苦辣"。当一幕幕画面被回忆起，情景剧当事人张晓磊在台下哽咽了，观众也哭了。无私奉献的巾帼风采，绘就勤勉敬业的"她"力量。

过"烟囱"关、过"火炉"关、过"科研"关，当"温柔"的郭丽站上舞台，讲述她10多年来从事生态环境监测工作的经历时，台下的观众都被她身体里蕴含的能量震撼到了。为了守护碧水蓝天，郭丽的坚韧绘就了环保为民的"坚定底色"。

"阿姨,你能保证我再不会受到这样的伤害?""绝对不会的!"当省人民检察院第九检察部副主任阮雪芹动情讲述关爱未成年少女小云的故事时,坚定的话语让很多人倍感温暖。未成年人检察工作是一份有温度的工作,它像一双手,托起孩子人生的希望。

春天好时节,巾帼绽芳华。让我们在巾帼榜样的感召和引领下,乘着新时代的浩荡东风,激扬巾帼之志、点燃奋斗激情,再创佳绩、再立新功。

(《楚天都市报》,2023 年 3 月 8 日)

【一句话点评】格外感人的"大拼盘"。

3. 拨乱反正

记者手记属于新闻评论的范畴。媒体可以通过社论、社评、评论员文章等传播观点,也可以用记者手记这类偏重个人见闻、感想的文体表达意见。

虽说比新闻评论要"软"一些,但是,记者手记也要起到"拨乱反正"的作用。

在我们采访的新闻事件中,有很多人物的言行是有违公序良俗的,显现出错误的人生观、价值观,在我们看来,这是评论类文章最需要阐述的主题——我们要牢记新闻人的责任，不仅仅是新闻事实的"搬运工"，而是身处传播正能量、传递正确价值观最前沿的正义之师！

2008 年 5 月 12 日，四川汶川发生里氏 8.0 级特大地震。这场汶川大地震，是新中国成立以来破坏性最强的大地震。这场大地震给全国人民带来了巨大的心理压力、难以愈合的心灵创伤，堪称国家和民族史上的重大灾难。

灾难发生后，全国人民在党中央领导下众志成城、抗震救灾，表现出了前所未有的团结与坚强，媒体记者也是有组织地奔赴前方，进行全方位报道。在可歌可泣的救援行动中，在震撼人心的主旋律中，也掺杂些细微的不和谐"杂音"，比如不服从调度给整体有序的救援行动添乱的，还有借机炒作灵异事件的……在我们的专题报道中，肯定有新闻评论发出声音。可是，对于这种大型灾难性专题，新闻评论肯定需要高屋建瓴，褒奖大义，抚慰伤痛，激励人心。

这时候，记者手记就发挥了作用。它可以从记者在救援现场的感受出发，提醒那些擅自救援者不要好心办坏事，救援是科学的事情，不能逞一时之勇；更可以提醒编撰故事者，眼下最大的事情是救援、疗伤，炒作是不合时宜的做法。

这样的记者手记与消息、通讯、特写、评论配合在一起，构成了丰富的报道层次，各个部分缺一不可。

不要有"完美受害者"的期待

在对性骚扰事件的讨论中，总会看到一些声音冒出来，品评被骚扰者的言行，一旦有些表现不合乎对"完美受害者"的想象，就有评论会说："难怪这事发生在她身上""活该"。

我自己有时也会受到这样的惯性思维影响，去关注被骚扰者的"不完美"之处。在中央美术学院学生小羊（化名）举报导师姚某某性骚扰事件里，她举报的三次被性骚扰都发生在大三，之后，她又念了姚某某的硕士，到研一时决定举报。

在梳理事件的时间线时，我会关注到小羊的选择，并疑惑于在这种情况下，她为什么还会选择姚某某做自己的导师？采访时，我也忍不住问了小羊这个问题。小羊回答了我的疑惑：

我是从小地方来的。从大一开始，就感觉跟其他同学间的差距还挺大，我很努力地想追赶他们。后来发生了那件事，我就对画画没有热情了，很难再去动笔。本科毕业时，我想着要读个研，那时想出国读，又想到家里的经济条件支撑不了学费，国内也没有更好的学校了，就还是选择留在央美。考研的时候，如果你认识哪个老师，可以提前找老师看画，慢慢熟悉后就可以报考这位老师的研究生。我在本科期间，后面两年状态不好，没怎么画画，也没认识其他老师。

决定考姚某某的研究生，我也做了很多心理建设，要不停地说服自己，想好以后如果再遇到这种事怎么办。读研一时，我基本上能躲就躲着他，能不见就不见他。要上课，大家一起的时候才去，不会再单独见他。后来到了研一下学期，有同学看到学姐在哭——她把自己的毕业创作拿去给姚某某看时被他摸了。学生越临近毕业，他就越过分。我很担心自己毕业时也会遇到这样的状况，刚好别的同学也受不了了，我们决定一起举报。

人性是复杂的，不只有黑白之分。做出这个选择的时候，小羊除了对姚某某性骚扰行为的考虑，还有很多现实因素的考量。这种复杂性也使得在性骚扰案件中收集证据更加困难。

采访中，一位办理过不少性骚扰案件的律师提出过疑问，小羊第一次被性骚扰时没有收集证据，那第二次、第三次被性骚扰时，应该有收集证据的意识才对。在我看来，这也是一种对受害者的苛责。对小羊来说，性骚扰的发生，和意识到是性骚扰行为，并不是同时发生的。第一次被老师摸了屁股，她不断找些理由来说服自己：他是不是不注意？或者是把自己当成小孩了？直到第二次、第三次频繁发生，她才逐步确信那是性骚扰。"而当真的确信事情的性质后，你的意识其实是远离这个人，而不是收集证据。"她说。

律师李莹还跟我提起过她代理的一个案件。一位大学女生被老师性侵后，为了说服自己，合理化老师的行为，和老师发展过一段恋人关系。没错，事情听起来和林奕含小说《房思琪的初恋乐园》里的故事很像。

大多数性骚扰事件，都发生在权力不对等的关系之中，在这种情况下，也正是他们的"不完美"，或许带来了更复杂的痛苦。

我们为什么总对受害者有这么多要求？这背后或许是无处不在的性别惯性。处于更有权势那一方的人，往往享有不需要解释动机的特权，而受害者则是被凝视的对象，也就意味着需要解释自身行为的动机，不断自证清白。大多数情况下，受害者是女性。

努力做到不要苛责受害者，需要我们保持警醒，不断克服自己的思维惯性。就像日本女性学家上野千鹤子所说的，要不断和内在的厌女心理做斗争。同时，把讨论从受害者身上挪开，多关注施害者，关注为什么性骚扰事件屡禁不止。

2022 年 10 月 30 日，新修订的《中华人民共和国妇女权益保障法》经全国人大常委会审议通过，对性骚扰的规制成为增加最多的内容之一。

在姚某某告小羊的名誉权侵权案件结束后，小羊决定不再以性骚扰损害责任纠纷起诉姚某某。再走法律程序，意味着要继续消耗她的时间和精力。现在，她要回归自己的生活，好好忙工作了。

希望以后能看到更多小羊画的画。对了，她画的猫很可爱。

（《南方周末》，2022 年 11 月 19 日）

【一句话点评】三观正确，直指人心。

【范例 76】

一个真诚的人走了

昨日，得知"汪国真去世"的消息，心里很是一惊。因为这位诗人虽然成名已久，但是年龄不算大。如此早逝，令人扼腕。想起去年和前年，他来成都参加活动，我去采访，他给人的印象始终是谦逊、温和，没有架子。要知道，他可是 20 世纪 90 年代红得堪比娱乐明星级别的诗人。巨大的名气，会让一个人生命璀璨，也容易让一个人心神走形，但汪国真却始终能如此平和淡然，可见其内心定力。

在一些人看来，汪国真的诗歌过于浅显，艺术手法简单。仅在记者所熟知的诗人圈子里，就有人评价："格言式心灵鸡汤开山祖师也叫诗人，令诗蒙羞。"说汪国真的诗歌是"鸡汤师祖"，其实也没多大错，"心灵鸡汤"本来也不是贬义词，但鸡汤也有好与坏、正宗与歪货之分。正如复旦大学中文系教授严锋所说的，汪国真的诗歌"鸡汤"，"味道比今天的要纯正得多，人也远比网络段子手真诚。汪国真先生善良温和，岁月如流，留下的是温暖的记忆。在他那个年代，还没有什么市场策划、营销团队，他的流行，不依靠炒作，也不借助权力，纯靠一己之力与读者自发的喜爱，给少男少女很多正面的激励。这样的存在，就是合理的"。

20多年前，"汪国真热"在全国掀起，其诗歌手抄本广为流传，席卷了无数人。尤其是那些当时正经历青春期的"80后"或"70后"，汪国真的诗歌陪伴了他们的青春，映射出了整整一代人的成长。得知汪国真去世的消息后，很多朋友开始在朋友圈"晒"出自己当年的手抄本。堂姐发来微信说："1993年我很迷恋他的诗，一首诗抄了好几遍，都会背了。还自己开始学着写诗。"

诗歌口味有区别，对于那些粗暴地认为汪国真"令诗蒙羞"的判断，我确实不敢苟同。还有人说，汪国真是"上帝的笑料"。有见识的人士发声了：这是在说他太痴吗？但真诚不该挖苦。年轻人需要梦的支撑，一个真诚的人走了。愿你，用你的善意送他一程。

（《华西都市报》，2015 年 4 月 27 日）

【一句话点评】人文关怀的"科普文"。

4. 话说得别太狠

记者手记，应该是春风化雨，切忌话说得太狠。

因为是新闻的采写者，是新闻事实的亲历者，是新闻报道的执笔人，这样的身份，自然使得记者的言论亲切可信，读者也就愿意阅读记者手记提供的幕后故事。所以，我们鼓励记者用轻松幽默的写法写手记，力求挥洒自如——能做到嬉笑怒骂皆成文章最好，做不到那高度，起码也要心态松弛，别整成个论文出来；同时，要学会从小处下笔，选取新闻的片段或插曲来勾勒，而不是求大求全，那是消息或者通讯应当承担的任务；最后，要做到小中见大，写作手记的时候，不断提醒自己：写这篇手记目的是什么？在这不断的叩问中，手记中的那个"大"，才会愈发明显。

有些教科书，对记者手记寄予厚望，希望主题切中时弊，反映广大群众普遍关心或实际工作中亟须解决的问题。在我们看来，大可不必。上述这些任务，不妨交给新闻评论来完成吧！

【范例 77】

3亿代价背后，教训和经验都弥足珍贵

经过半个世纪的无序开采，石板滩石煤矿区的露天矿坑内，积存的污水达数百万立方米。这些废水属于重金属超标的强酸性污水，给当地生态环境带来严峻挑战。

被中央环保督察"点名"后，位于洞庭湖西侧的常德市鼎城区，集中力量对石板滩矿区开展"会战"式整治，历时3年。接受澎湃新闻采访时，鼎城区负责环保工作的副区长陈宏算了一笔账：半个世纪挖矿的总产值不到1个亿，如今修复生态花去3.3个亿。他坦承，"付出的代价是沉重的"。

"客观上讲，以前那些年的发展方式是粗放式增长。"鼎城区政府区长陈远对我说，过去在发展理念上存在的一些问题值得反思。

教训是深刻的，并被写在石板滩生态修复启示馆的墙壁上：我们绝不能要带血的GDP，我们绝不能

再走"先污染后治理"的路子!

在常德采访之后,我感受到,当地打赢这场生态治理"会战",有三点经验是值得总结的。

一是生态治理的科学态度。2018年,石板滩石煤矿区生态环境问题,先后被中央生态环保督察"回头看"、洞庭湖生态环保专项督察反馈,并被长江经济带生态环境警示片披露。常德市和鼎城区的党政领导非常重视,但对于这项复杂的生态修复治理工程,当地并没有草率上马,而是聘请专业机构进行调查、研究、规划,制定出切实可行的生态修复方案。这套整治方案的制定、修改和审批,历时近两年,因地制宜地解决了许多技术难题。

二是生态治理的资金保障。石板滩矿区的生态修复工程,规模和难度都不小,资金问题是首当其冲的难题。整个工程累计投入3.3亿元,除了国家发改、生态环境、自然资源等部门支持的近1亿元资金,其他2亿多元是由鼎城区政府解决的。一个县区级财政拿出2亿多元,不是一件容易的事。鼎城区多名干部告诉我,区政府近年来严控行政开支以保障生态环境等民生工程,根据过"紧日子"措施的相关文件,对一般性行政支出按10%压减,对非急需、非刚性支出压减50%。

三是生态治理的人力凝聚。石板滩矿区的生态修复治理，可谓时间紧、任务重，必须凝聚合力、提升效率。于是，鼎城区领导干部带头上阵，比如区委书记朱金平，当时穿着迷彩服，在山上工地的帐篷里吃住了7天。至今仍在项目部坚守的石板滩镇人大主席文勇茂，几年下来晒得皮肤黝黑。许多党员干部和施工人员，放弃节假日连续奋战，连春节都在工地上过。在清除4号矿坑淤泥时，由于大型工程机械无法施工，当地300多名青壮劳力用100余辆手推车来搬运淤泥……这些人心团结、人力凝聚，从根本上保障了整改工程的如期完成。

如今，在石板滩矿区，昔日"伤痕累累"的土地被绿植覆盖，重现青山绿水。最近几个月，一批又一批的人来生态修复治理启示馆参观学习。当地一位领导干部对我说，生态治理带来的改变，正激励他们更加努力地工作。

在湖南常德的生态环境治理工作中，石板滩石煤矿区的变化，无疑是浓墨重彩的一笔。如今看来，其中的教训和经验，都弥足珍贵。

（澎湃新闻，2022年9月22日）

【一句话点评】春风化雨。

【范例 78 】

一次善意的暖心传递，让故事有了圆满结局

今天气温骤降，整个杭州好像一下子掉进了冰窟窿，冬天的第一场雪也翩然而至。都说初雪是许愿的好时候，昨天我就见证了一个孩子的梦想成真，直到写下这篇稿子，我的心里仍回荡着暖意。

这是一个"好人有好报"的故事，也是一次善意的温暖传递。事情源起于6月4日凌晨的一场火灾，郑大姐见义勇为救了一家四口，阿里巴巴"天天正能量"联合钱江晚报，要为郑大姐颁发奖金。没想到，郑大姐却说不要奖金，只希望能帮自己在特殊学校上学的女儿找找工作。幸运的是嵊州团市委看到了我们的报道，对接了本地一家企业为思思（化名）找到了工作。

昨天是思思第一天上班，我陪她去"入职"。思思的兴奋溢于言表，嘴里一直念叨着"上班了"。然后是上岗工作，算是进入了"试用期"。穿绳打结这个动作对于普通人来说再简单不过，可要思思独立完成还有一点难度。虽然失败了好几次，周围的哥哥姐姐一直鼓励她，帮助她，即使不善表达，我相

信她也能感受到周围的善意。

更让我深受触动的是郑大姐，工厂里她比起我们显得有些"铁石心肠"，学不会的动作就再来一遍，让思思自己来，作为妈妈她尽量不插手，甚至有些严厉。我们对于思思的帮助和关心或许只是一时的，而郑大姐时刻想的是思思的一生，她多希望女儿能做一只真正的小鸟，有一天可以飞离妈妈的怀抱。妈妈的爱，温暖又深沉。

这家接受思思的浙江晟达包装有限公司是当地的一家福利企业，原本公司里就有30多名残疾人员工，也招收过几名智力障碍的员工。公司总经理王栩告诉我，公司里的残疾人员工占所有员工的三分之一左右，这个比例在福利企业例也算高的了。

大部分唐氏综合征人群都有不同程度的智力障碍，相对于其他类型的残疾人，智力障碍的孩子找工作特别难。就嵊州市育才学校来说，每年只有四五个孩子能符合参加工作的要求，这就相当于普通孩子考上清华北大了。大多数人终其一生都无法工作、独立生活。

思思是不幸也是幸运的，她被爱包围着，一次善意的传递，让她找工作的梦想成真。

也希望更多的特殊群体能够得到关注，这需要社会各界的共同努力，让他们能有机会融入社会，更有尊严地活着。

（《钱江晚报》，2022年11月30日）

【一句话点评】用一个暖暖的例子，提醒我们不要忽略对特殊群体的关注。

5.“杂七杂八”的事儿放这里

记者手记，善于在舒缓氛围间，或借新闻报道之题发挥，或梳理和评论新闻报道，或对新闻报道进行点题和突出，或引发读者对新闻的议论和思考。其目的，是要充分发挥三种效应：强调的效应、深化的效应、协调的效应。

如果，记者手记和新闻报道主题关系不大，可以吗？当然可以！

2019亚洲杯小组赛，中国队依靠对方守门员的乌龙和于大宝的进球，以2∶1逆转战胜吉尔吉斯斯坦，取得了开门红。有近千名中国球迷从祖国各地远赴阿联酋观战，不仅全场为中国队高歌加油，赛后，更是把看台上的垃圾收拾一空。

虽然这个细节和比赛离得比较远，可是说明了中国人素质的整体提高，同样也是为国争了光，是很好的记者手记的题材。

如果，记者手记和新闻报道主题无关，可以吗？当然可以!

记者去采访一次新书发布会的路上,发现有一位老人摔倒在大街上,周围的行人迅速围拢,在确保老人安全的前提下,将老人扶起。这件事儿和要报道的新闻主题没一丁点儿关系,却是个难得的展示精神文明的新闻,多好的一篇记者手记!

更何况,这也符合我们第一章提到的一项要求:"贼不走空"!没忘吧?

【范例79】

走访悉尼唐人街中医诊所

初秋的悉尼,阳光与细雨在凉爽的微风中交替"值日"。

走进位于悉尼禧市唐人街区的太子中心大厦,举目望去,相比周边各式中文招牌的店铺,中医李骥程的诊所显得简朴普通,不太引人注目。

诊所不大,占地20余平方米,进门可见一个略高过人头、有屏风大小的中药药材格子柜,柜子后只有一张用于号脉的小桌子和一张医疗床。

年逾花甲、身材匀称、精神矍铄的李骥程一个人正在忙碌着,一会儿给患者配药,一会儿给病人进行针灸、拔罐。诊所里还有三个患者在等待治疗。

诊所墙上一张彩色相片引起了笔者的好奇心。照片里，李医生在给一个头发花白的外国人号脉诊断。

"那是20多年前的事了。"已在悉尼行医30多年的李骥程回忆起和这位澳大利亚本地人的医患之交说。那年他经常到悉尼著名的邦迪海滩游玩，认识了这位当时年近80的老人Eric。老人因中风多年，手脚都不听使唤，生活十分不便。后经李医生用针灸和中药治疗两个多月后，慢慢康复好转，行走也正常起来。

来自上海的李骥程说，他20世纪90年代移居悉尼，父亲和爷爷都是中医，父亲和叔叔早年在上海东方医院任主任中医医师。身怀祖传中医绝技的他刚到悉尼时，中医和中医诊所还很少，直至2012年，澳大利亚联邦政府通过中医立法，将中医纳入全澳健康行业注册管理和资格认证体系后，中医在澳大利亚才如雨后春笋慢慢发展壮大起来，中医良好的疗效也越来越被当地民众接受。

目前，悉尼不仅有中医学院，有些大学也开设了中医科目课程。他说，像他这样的诊所在悉尼有上百家。因地处华人最喜欢聚集的地区，前来就诊者百分之九十以上都是华人，最年长者有90多岁，大多数是中青年，或因锻炼扭伤或因年老身体欠安。

由于他的治疗费用相对合理且疗效较好，每周也都有两到三个澳大利亚本地人前来就诊。

记者问及墙上一幅镶嵌在金相框里的"良医妙药"墨宝时，李医生说，赠送者是来自澳门的桂荣先生。他在澳大利亚西医医院治疗三个星期后，见效果不佳便慕名前来李医生诊所，中药治疗一个半月后很快康复。

走出诊所告别李医生时，正是秋雨后夕阳染红彩云的黄昏。李骥程指着隔壁一家专门用针灸治疗脊椎以及关节肌肉神经疼痛的中医诊所说："这是我大儿子李森开的诊所。有他继续传承中医，我们家族才真正算是四代中医世家了。"

（中国新闻社，2023 年 4 月 6 日）

【一句话点评】"逛"出来的新闻。

【范例 80】

一场属于老伙计们的相聚

卡塔尔世界杯半决赛的硝烟已经弥散，决战的鼓声尚未擂起，在位于多哈繁华地段的哈里发国际网球中心，15 日迎来了一群特殊的客人。

趁着世界杯休赛日的当口，由近百名球员组成的 8 支队伍，正在这里参加第一届国际足联传奇杯足球赛。一群来自不同地区、性别、年龄段，有故事、有球技的著名球星难得地相聚在了多哈。在这群人当中，有依然玉树临风的卡卡、身材矫健的西多夫，也有身材出现变化的维埃里、特雷泽盖、斯内德……

每队场上共有 6 名球员，比赛分为上、下半场，共 30 分钟。和大多数传奇赛一样，在这里，战术没那么严谨、阵型没那么讲究，甚至有时连规则和比分，也不再重要。两队候场时，已经闻不到剑拔弩张的气息，嬉笑声填满了窄窄的球员通道。

虽然脚下频率不及当年，但在举手投足之间，仍可以依稀地看到这些球员巅峰时期的影子。托蒂大力的远射，卡卡犀利的突破，特里准确的卡位，卡西利亚斯潇洒的扑救，就连已经满头白发、大腹便便的斯托伊奇科夫射起门来也丝毫看不出动作的变形。当特里在一次拼抢中撞倒弗兰，记者在刹那间仿佛感受到了"穿越"："这是欧冠联赛吗？"

不仅如此，一些性格球员还在现场"耍宝"：被称为"疯子门将"的伊基塔，就数次将球带至中场；智利前锋萨莫拉诺再现了经典的"1+8"号球衣；前国际米兰门神塞萨尔索性披着一件好友罗纳尔迪尼奥的球衣上阵……比赛期间，并非所有替补席上的球员都关注着场上局势，有的在与老友交谈，有的则起身与球迷互动。

虽然说是"玩"，但随着比赛的深入，有些球员难免较起了真，比如斯内德就因队友传球不到位，连连摊手，西多夫因质疑对手犯规，还向裁判表达了不满。

与世界杯正赛一样，传奇赛也设置了媒体混采区。一部分球员依旧耍起了"大牌"，对于记者的招呼一笑了之，但也有球员向我们打开了"话匣子"。球员时代脾气火暴的德国门将莱曼，这次面对采访，始终面带微笑，一团和气，他说："感谢国际足联和卡塔尔方面组织了这样一场有趣的赛事，让我们有机会与熟悉的球员再次踢比赛。我所在的队伍中有很多意大利球员，很遗憾，在2006年的世界杯半决赛，我就是输给了他们。"

谈到即将打响的世界杯决赛，莱曼说："我本身没有偏向，但我觉得阿根廷队赢球的可能性稍微大一些，因为他们对冠军更加渴望。"

对于莱曼而言，这是一场有趣的比赛。对于记者本人来说，也是一次充满回忆的经历。记者已经年过而立，按理说已经过了"追星"的年龄。可当托蒂、内斯塔、皮耶罗这帮陪伴着我度过小学、中学、大学的"70后"球星集体现身时，心中又不免泛起一丝涟漪，于是自然地想起了当年搜集球星海报、一出校门就去买体育报刊的日子。我坐在场边，望着他们，从下午，到日落，再到天黑。

我知道，不久后，这场传奇赛就会淹没在世界杯决赛的新闻当中。但仍会有人记得，在一个阳光明媚的午后，一群老伙计们在绿茵场上的"撒欢"，和一群追随的人们。

（新华社，2022 年 12 月 15 日）

【一句话点评】游离主题之外，却同样撩拨球迷的心绪。

九、对话不能抢风头

1. 直面"大腕"

对话，就是记者与受访者的谈话实录。

这种落笔就写、双方一问一答、对谈内容完整呈现的形式，优点在于干脆利落，能够让读者直观地了解受访者意图。同时，聪明的读者们尽可以揣摩受访者的言外意、话外音。

在纸媒兴盛的时代，很多媒体都乐于设置"对话"版面，通过这种"有言必录"的通道，让读者与记者感同身受，一同与重量级人物"面对面"。

何为重量级人物？

比如国家领导人。因为政府首脑的言论，涉及国家意志、政策走向，如果采用其他新闻报道形式，难以保证没有疏漏甚至曲解之处。这种情况下，有录音佐证查验的对话形式，无疑最为靠谱。

比如文体明星。尤其是针对那些遮遮掩掩的公众人物，记者凭一问一答排除"杂音"直抵真相，而读者通过观看抽丝剥茧的问答过程，直至水落石出，快感无与伦比。

此外，类似政府官员、企业大佬、专家学者、各行业风云人物等，他们或者具有权威性、熟知所问新闻的表象及其实质，或者自身有足够新闻点以供挖掘，都是媒体喜欢对话的"大腕"。

【范例 81】

专访抗美援朝作战"一级英雄"李延年

原 54251 部队副政治委员李延年，在抗美援朝作战中荣立卓越功勋。2019 年 9 月 17 日，国家主席习近平签署主席令，授予李延年"共和国勋章"。退职后，他还发挥余热，不遗余力开展革命传统教育，多次获得"先进离休干部""优秀共产党员"等称号。在纪念中国人民志愿军抗美援朝出国作战 70 周年之际，记者采访了李延年老英雄。

记者：李老，您好！非常荣幸能够采访到您。我们知道您作为一名革命军人，大半辈子都奉献给了部队，令人敬佩。参军前的经历现在还能回想起来吗？

李延年：我 1928 年出生在河北一个很贫苦的家庭里，十多岁时到东北投靠我舅舅、舅妈。我去了之后，他们给我介绍到一家店铺伺候掌柜的，给掌柜的打水、端屎端尿、干杂活，干得不好就会挨打受骂。那时候老百姓们过得都苦啊。

记者：您已92岁高龄了，还记得自己是什么时间参军的吗？参军就等于参加了革命，当时在您的眼里，参加革命的意义是什么？

李延年：我是1945年6月份参军的。那一年我17岁，记得当时我是穿着单衣参军的。

为什么参军呢？因为，当时日本侵略者横行霸道，对我们这些穷苦百姓胡作非为。我们坐火车或者干什么，都受限制。看到日本侵略者对我们中国人无所不欺压，压迫得很厉害，就想着能参军就好了，参军去打日本侵略者。不管什么军队，只要打日本侵略者我都参加。

后来共产党来了，就跟着毛主席闹革命，毛主席是为我们穷人服务的，所以我就参军跟着毛主席为穷苦人民打天下。

记者：您是一位参加过抗美援朝的老兵，当接到命令出国作战时，您首先想到的是什么？有没有想过可能会牺牲在异国他乡？

李延年：最早接到命令的时候，我们不知道要去朝鲜打仗。那时候，我们在湘西剿匪，上面命令我们集合，要去鸭绿江边，我们从长沙到湘潭，又是坐火车又是跑步，最后都集合到鸭绿江边了。到了鸭绿江边，上面命令我们入朝，我们才知道要去抗美援朝。

我参军以后打了 27 年仗，抗美援朝战争是最惨烈的。我们去的时候，是很沉重的，说实话，谁也不知道到底能什么时候回来，甚至还能不能回来。

但是，作为一名军人，就要以服从命令为天职。当初我参军的时候就做好了准备，命就交给了党和人民。既然祖国和人民交给了我们抗美援朝这么重大的任务，不管再难，哪怕是献出生命，也要完成，不能让祖国和人民失望。

记者：您是抗美援朝出国作战的英雄，尤其在 346.6 高地反击战中战功卓著。现在，还能回忆起当时的战斗情景吗？还有哪场残酷的战斗令您难以忘怀？

李延年：当时我们连队接到命令，从右翼向 346.6 高地的第五个山头进攻。因为我们连队规模较大，有 203 个人，我们是主攻连，兄弟连八连是助攻连，是第二梯队。当时我是连指导员，连长在指挥所，我就下到各阵地来回跑，了解情况，回来向连长报告。我们那时候打仗，不像现在有手机，那时候我们用的是步话机，就是一个人摇一个人听的那种。准备进攻的时候，上头规定，进攻的时候得有个进攻的信号，要在进攻前传达，其他时候不用传达。进攻的时候步话机被炸坏了，联系不上上面了，那怎么办呢？仗还要打，后来我就把大家集合起来，我要求部队每个人都要间隔三到五米，这样炮弹打到人身上，就只能伤一个人，其余人一卧倒就没事了。

后来，我还发现，敌人的炮弹间隔是三到五分钟，我就把这个告诉各个班长，让他们在敌人炮弹间隙期攻山头。就这样，我们成功攻下了346.6高地。那场战斗真惨烈，打到山上的树和茅草都没有了，树根子都没有了。其实这样残酷的战斗在抗美援朝战争中还有多次，太惨烈，我不想再回忆了。

记者：抗美援朝战争中，中国人民志愿军发扬一不怕苦、二不怕死的战斗精神，打出了新中国的国威和人民军队的军威。您认为抗美援朝出国作战的意义是什么？

李延年：抗美援朝出国作战很重要，美帝国主义老是欺负我们，我对美帝国主义感觉是很仇恨的。抗美援朝出国作战是一场反帝反侵略的斗争，它维护了亚洲和世界和平，巩固了中国新生的人民政权，打破了美帝国主义不可战胜的神话，顶住了美国侵略扩张的势头，也极大地增强了中国人民的民族自信心和自豪感。抗美援朝战争是一个立国之战，打出了新中国的国威军威。为新中国争取到了相当长的和平建设环境。当时大家就讲："打得一拳开，免得百拳来。"一下子让西方，特别是让美国认识到，中国人民愿意用鲜血捍卫国家的核心利益。抗美援朝以后，中国的国际威望空前提高，无论哪个国家都不敢再对中国轻举妄动，这就是敢战才能止战。

记者：在抗美援朝出国作战中，中国人民志愿军无所畏惧，英勇战斗，最终取得了胜利。您作为过来人，觉得志愿军战士战胜敌人的法宝是什么？抗美援朝出国作战的精神实质是什么？

李延年：我们抗美援朝能够取得胜利，首先，离不开苏联的支持，他们的飞机、大炮给予了支援。那个喀秋莎大炮，对美军杀伤极大。全国各界爱国同胞，不分男女老少，开展了爱国增加生产、增加收入的运动，用新增加收入购买飞机、大炮等武器，捐献给志愿军。还有，我们志愿军干部战士充分运用了以前的战斗经验和当地的地形，以灵活的战略战术和一往无前的英雄气概，进行了艰苦卓绝的作战。在国内我们打的是地道战，抗美援朝打的是坑道战，美帝国主义拿我们没有办法。最后，是志愿军战士们不怕流血，不怕牺牲，勇敢无畏的精神。这些都是我们抗美援朝取得胜利的关键和法宝。

美国侵略者是武装到牙齿的，我们怎么能够取得胜利呢？靠的就是必胜的决心和坚强的意志。抗美援朝打出了我们国家民族的精气神，所以这种精神是穿越时空的，具有生命力的。这也是鼓舞青年一代的现实教材。至今留给我们的启示是什么？就是正确认识困难，坚决战胜困难。现在，一些人常说外部环境多么多么恶劣，不努力奋斗。那么，我要问你，有当时抗美援朝时的环境那么恶劣吗？条件那么艰苦吗？所以说传承这抗美援朝的精神，意义非常重大。

记者：今年是抗美援朝出国作战70周年，您现在还会想起当年出国作战的经历吗？能给我们描述一下当时难忘的情景吗？这么多年来，您有没有回到当初战斗过的地方看一看？

李延年：我现在经常想起那时候的情景。记得我们刚入朝的时候，晚上行军，白天修工事，一天二十四个小时，没有休息的时间，谁累了打个盹就好了。在行军路上都是四路往前走，路上都是人，人走得也很快，天上敌军的飞机不停地拿炮弹炸你。那时候部队伤亡很大，行军走在路上，时不时就挨上一个炮弹或者炸弹，挨上一个就伤一个排，一个排牺牲几个人，其余的都伤了，十分惨烈。

我回访过朝鲜，去过好几次。以前去参加授勋的时候，我还把剪好的三角梅插在那个花瓶里，后来长了根，留在那儿了，现在估计都还活着。

现在年纪大了，身体不好了，想去也力不从心了。可我还想再回去看看，毕竟还有那么多同志和战友都永远地留在了那里。

记者：现在，人民解放军从人员素质、武器装备到管理模式都发生了翻天覆地的变化，战斗力得到了极大提升。您作为一名老军人，觉得我们的军队都有哪些宝贵东西需要代代相传？

李延年：现在，我们解放军的一些装备、一些武器都是世界最先进的，而且现在的指挥员和战斗员，都是知识分子，都读过大学。以前我们是地下战，现在他们是在大楼里打科学战、科学指挥。比如说原子弹、导弹、无人机等等，都是在大楼里用机器操纵，指挥得特别快。现在的指挥员，他们的文化水平特别高，领会问题也快，科学指挥能力强。虽然时代变了，但是有些好传统是不变的。如革命先烈的遗志，我们要继续传承下去；革命军队敢打敢拼、不怕流血牺牲的精神要代代传承。

记者：您离休之后，仍然没有停下革命步伐，一直坚持从事红色传统教育工作，一干就是30余年。请问您为什么要坚持不懈地从事红色传统教育工作？

李延年：我感觉我们这些老同志现在比工程师还忙。为什么呢？因为我们这些活着的老同志享受着流血牺牲同志所带来的荣誉，而且习近平主席又亲手将共和国勋章佩戴在我身上，我总感觉过意不去。我身上承载着流血牺牲的同志们的遗志，我必须得好好地宣传他们，宣传革命精神，不然我们这些老同志活着就没意义了。还有，现在的青少年，对历史的认知都只停留在书本上，我们这些作为战争经历者的老同志去给孩子们讲述这段历史，陈述我们亲身经历的残酷战事，如实地还原历史给现在的年轻一代，让他们铭记历史，珍惜生活，正确面向未来。

记者：听说您离休之后将自己获得的大部分证书和勋章分别捐献给了中国人民革命军事博物馆、丹东抗美援朝纪念馆和广西军区军史馆，而长期以来您对自己曾经立下的赫赫功勋却闭口不谈，为什么呢？

李延年：我是一个兵，来自老百姓。作为一名战士，战场上要惊天动地，退下来了就要甘于平淡。战士打胜仗是应该的，这些功劳是属于那些流血牺牲的革命先烈和人民群众的，这是他们的功劳，我一个人怎么能继承呢？我一个人继承不了的。所以我把这些荣誉都归还给他们，这些是他们应得的荣誉。

（中国青年网，2020 年 10 月 21 日，节选）

【一句话点评】踏踏实实提问就足够了。

钟南山：新冠传染性比 SARS 强，疫情防治还得靠它

问：如何总结两个多月在防控一线的日子？

钟南山：在党中央的领导下，我们疫情防控策略是很正确的。早期实施上游堵截，把武汉传染源截断，在全国开展群防群治，后来上升为联防联控。什么叫联防联控？我自己的理解就是"四早"：早发现、早报告、早隔离、早治疗，这在中国是成功的。在重视医疗的同时，也注意总结规律，比如它有哪些临床特点、哪些药可能有效，这些对全世界都有很好的指导作用。

经过艰苦努力，现在我国疫情防控取得阶段性重要成效，这非常不容易。但是，境外疫情呈加速扩散蔓延态势，我国疫情输入压力持续加大。到4月3日，已经有700多例境外输入病例，而且还在持续增加。所以，我们要及时调整完善疫情防控策略，把重点放在外防输入、内防反弹上来，入境人员必须都要做检测，只要是阳性就要隔离。

问：在这期间，您个人感受最大的压力是什么？

钟南山：在我从医以来，我觉得最大的压力在于病人最后是救活了还是去世了。把病人救活了、康复了，什么都好说；如果病人没有救过来，那我的压力是最大的。现在抗击新冠感染也是如此，避免更多的感染，减少死亡，对于医生来说，还有什么比这个更重要呢？

问：疫情期间您多次与救治团队连线会诊，这种特殊方式发挥了什么作用？

钟南山：远程视频会诊在抗击疫情中起到了重要作用。通过视频连线，我的团队以及重症医学科、放射科医务人员，定期连线广东深圳、中山、东莞等地，以及湖北武汉等疫情震中医院的重症监护病房，会诊研讨重症、危重症病人的救治，在非常时期和特殊条件下，这种方式发挥了独特作用。

问：在这场科学与病毒的赛跑中，您的团队在新冠感染科学救治和药物验证方面取得了哪些进展？

钟南山：我们开展了氯喹和连花清瘟胶囊临床试验，从目前分析的结果看，两者都具有比较肯定的效果。氯喹能够缩短病程以及降低病毒负荷。连花清瘟胶囊能够明显缩短症状缓解的时间。

新冠感染与 SARS 相比，除了肺纤维化等共同特点外，突出的特点是小气道里黏液非常多，阻碍了气道通畅，容易导致继发感染。我们前期观察了一些患者使用氢氧混合气治疗的情况，初步发现氢氧混合气能够明显改善气促，可能更适用于出现呼吸困难的患者。

问：除了救治手段，公众还普遍关注新冠疫苗研发，为什么疫苗这次如此受关注？

钟南山：研制疫苗是很必要的。新冠病毒的传染性比 SARS 强很多，传染系数可以达到 3.5，也就是说，一个传三个半，而 SARS 顶多是一个传两个，所以现在有些国家每天增加上万名确诊病例。防治疫情，从历史的情况看，还是要靠疫苗。

我们知道典型的例子，一个是天花，一个是脊髓灰质炎。天花和脊髓灰质炎传染性都很强，死亡率能达到百分之二三十，而且后遗症很多。我记得小时候，周围有很多人脸上有麻子，这是得天花留下的后遗症。现在根本看不见了，靠的就是疫苗。我认为，研制新冠疫苗非常迫切，必须抓紧推进。

（《中国纪检监察报》，2020 年 4 月 8 日）

【一句话点评】抗击疫情的标志性人物，说的每句话都重要。

2. 缩短"废话"的时间

很多时候，我们会遇到难缠的受访者，废话、套话、假话一大堆，拐弯抹角就是不说正题。怎么办？

直言不讳地"友情提醒"！

对话本应该环环相扣，富有节奏之美，可有些受访者习惯于东拉西扯，说一些没有"营养"的话，来逃避实质问题。这些是本能之举，可以理解。不过，可以理解，但不可纵容！这个时候，必须提请受访者明白我们要的是什么。

当然，要区分一点：在"暖场"阶段，受访者肯定会有一些不着边际的话出现——他们也在借此观察记者，窥探记者的真实用意，看看是否聊得来、好不好对付、投不投缘等等，一旦略有熟识，取得信任，对话便会按照原先的计划顺利进行。这种情况下，受访者"扯闲篇"是允许的，记者甚至还要学会配合"暖场"，以便快速进入正题。只有当面对过于漫长的"暖场"、太多顾左右而言他的"废话"时，我们才需要提醒受访者。

河南"95 后"女村支书：被误解还挨过骂，
以前会哭现在不会了

3 月 17 日，"95 后"的张桂芳在短视频平台分享了自己回乡做村支书的经历。视频中，她调侃道，回乡前朋友说村支书工资高，回乡后发现村里负债百万。调侃归调侃，作为村支书，她带领村子修路、清理河道、修建公共设施等，做了不少实事。

两天内，该视频点赞量高达百万，迅速爆红网络。截至 3 月 18 日，她的账号粉丝量已跃至 23 万。

1997 年出生的张桂芳今年 26 岁，已经担任三家村村支书两年多了。2020 年 12 月 25 日，刚从天津农学院毕业的张桂芳被选为河南省鹤壁市山城区石林镇三家村村支书。2021 年 5 月，张桂芳提出彩绘墙的设想，想以此改变村貌，吸引游客。完工之后，三家村成为"彩虹村"，张桂芳因此出圈。正是这次契机，为三家村的发展带来更多了关注和机遇。

3 月 18 日，澎湃新闻与张桂芳进行了对话。

澎湃新闻：是什么样的契机促使你返乡当村支书？

张桂芳：2020 年村里换届，村支书人选成了难题。年底有村干部给我做工作，让我回来试一试。

澎湃新闻：你父母对你做村支书是什么态度？

张桂芳：选举的时候，我高票当选，他们觉得很骄傲。因为我母亲是远嫁，她不希望我远嫁，认为只要我回到他们身边，做自己想做的事情，什么工作都很好。从小到大，我都是很普通的一个人，因为做村支书，父亲很为我自豪。所以他们是很支持的。

澎湃新闻：最开始时顺利吗？

张桂芳：前两个月天天哭，没有具体原因，可能因为心理压力大，陷入了"emo"情绪中。但我的同事都很照顾我，他们有的已经六十出头，但非常敬业，对年轻人的想法也非常支持。

澎湃新闻：有没有特别难的时候？

张桂芳：最难的可能是刚接手工作时，村里没有钱，负债百万。现在已经克服许多困难，觉得还好，村里债务也处理了百分之六七十。我同事经常跟我说：大事小事到跟前就了了。意思是不管什么事只要大家一块去做，问题总能被克服。

澎湃新闻：有没有遇见沟通问题？

张桂芳：不讲理的吗？一般逻辑上他理论不过我，我会一点一点跟他分析。最开始沟通不下来时，会哭，现在不会了，因为我哭的话，村委会士气就弱了。如果我们占理，就要把腰板挺直，把工作做下去。

澎湃新闻：感觉什么时候融入了村民？

张桂芳：2021年"7·20暴雨"时，我协调了许多物资，给大家发放，可能那一次赢得了大家的信任。其实不光是我协调的，政府发的也很多。发物资时，有老太太拉着我的手说，你这小姑娘真能干，天天发东西，下一届还让你干。

澎湃新闻：有什么让你印象很深的事吗？

张桂芳：当时，发完物资，村民们开始自发捐钱。村里只有三四百人，有许多老人和孩子，他们的钱来得很不容易，却捐了三四万元。灾后我们号召大家自救，先把路通开。第一次广播，就有100多人参加。有些人白天要出去打工，也参加了劳动。有一位70多岁的老党员，因为车祸小腿粉碎性骨折，当时还没恢复好。他的老伴拿着他的党徽到村委会，跟我说，虽然他人没法到，但他的党徽到了。老人的老伴把党徽别上，就出去干活了。

澎湃新闻：村里什么时候开始引起关注的？

张桂芳：2021年5月，我提出彩绘墙的设想并正式实施。7月被媒体报道后，增加了社会的关注度。

澎湃新闻：媒体报道说，当时对村子影响很大？

张桂芳：是的，我们受到很多关注，也迎来一些项目。例如有人给我们捐路灯，我们的地也租出去了。其实刚做彩绘时，有些村民不理解，有人专门跑到家里去骂我，他们觉得钱应该投到基础建设上。被关注后，大家见到了网络和媒体的力量，对我之后的每一个决定都很支持。

澎湃新闻：我看村里还做了图书馆项目。

张桂芳：图书馆是把危房推倒后重建的，我们自己协调资金装修。当时没有装门窗，里外也没有粉刷。做柜子和书架时，村里有位做装修的村民，带我们去买材料，给村里装书柜，很大的书柜只花了1800块。其实这样温暖的事很多。有一次修路，征地费用由村委会出，但村委会没钱。一般征地款是1300块钱一亩地，我们跟村民商量后，村民只让村里支付了400块钱。这些事情让我感触也很深。

澎湃新闻：为什么现在开始做短视频？

张桂芳：我们村的地理位置、用地指标等条件，都没有太多优势。短视频属于轻资产，我们想通过这，给村里招商引资。账号定位以"三农"为主，看能不能给村里引来一些专业的种植商。

澎湃新闻：以前为什么没有做？

张桂芳：以前很多事情没有记录，现在回想起来很遗憾。2021年底，我们的小电影院正式投用，同事用软件剪辑了我们一年的工作合照和日常照片，给村民看，许多村民看哭了。我现在开始做这件事，也是希望将记忆保存下来，将基层故事宣传出去，在这个过程中，为村民致富增收拓宽渠道。

澎湃新闻：村里受到关注后，吸引的投资多吗？

张桂芳：投资不多，可能因为大家没有看到实际的收益，所以我们才想把关注度和影响力做得再大一点。

澎湃新闻：村里现在在做食用油？

张桂芳：是的，高油酸花生油。我们把种的花生卖给厂家，厂家做成油，再以出厂价给我们，我们对外出售。我们计划整合一下村里的农产品资源，做成规范农产品。我们希望专业的人来做，我们全力配合。当然，招商也不一定是农业，我们来者不拒。

澎湃新闻：村里还种了许多南瓜？

张桂芳：是的。我们把土地流转出去，吸引投资商种南瓜，解决了30多个老弱劳动力的就业问题。去年村里发放土地流转费18万元。

澎湃新闻：增收情况如何？

张桂芳：村民有增收，村委会没有增收。我的理解是：集体经济不只表现在村里账上数字的增长。如果村民增收了，也是集体经济增收。这不是官方集体经济增收的概念，我自己是这样理解的。

澎湃新闻：你怎么理解你身上的标签，例如"95后"，女村支书？

张桂芳：我觉得这是一个很普通的岗位，每个岗位都能发光发热。

（澎湃新闻，2023年3月19日）

【一句话点评】提问很多，但没一句废话。

【范例84】

独家对话"神十一"航天员

在"神十一"即将飞天之际，人民日报全媒体平台独家采访了执行此次飞行任务的航天员景海鹏、陈冬。这次太空中期驻留30天，是我国载人航天历史上最长的一次，航天员为了这次任务做了哪些准备？第一批和第二批航天员的"新老"组合，默契程度怎么样？长时间的失重生活，对航天员有哪些影响？

记者：这次航天员在太空停留的时间比以前多了一倍，在这期间会有很多在轨试（实）验项目，对你们来说是不是一个挑战？

景海鹏：这一次在轨试（实）验是重头戏，航天员要亲自操作的试（实）验有几十项，对我们来说是很大的挑战。

举个例子，有一个试验是失重情况下心血管的研究，需要我们用两个探头，自己给自己做 B 超，查看心脏整体构型等，最后把图像传下来，让地面的专家、医生做出判断。据专家说，专科医生要培训 1 年以上才能上操作台，而我们接受训练不到半年，压力还是挺大的。因为在地面上找脏器的位置都不容易，到了天上，重力一变化，脏器的位置也会发生变化，各种可能发生的情况都要预先想到。

陈冬：要把这次任务执行好，需要多重身份。首先是驾驶员，必须会驾驶飞船；也是工程师，会做各种试（实）验；还是修理工，天上的设备坏了都需要你去维修；又是保洁员，我们居住的环境要保持干爽、清洁；还要成为农民，因为我们还要种一些蔬菜。多重角色的背后，就是我们需要熟练掌握的多种技能。

记者：为了这次任务，你们训练了多久？

景海鹏：可以说每时每刻都在做准备。我们的课表排得非常满，从周一到周日，从上午到晚上，最多一个晚上有 5 项训练。每天晚上我们两个人都要拿出一个半小时到两个小时来梳理这一天的操作，总结反思。

记者：海鹏，之前你已经完成两次飞天任务，在你看来，天地之间的差异到底有多大？

景海鹏：天地差异到底差异在什么地方，其实就是失重带来的一系列差异。在地球上，有重力作用的时候，体液从头部往下肢流动，一失重就反过来了，从下肢往头部涌。大家在电视画面中看到我们的面孔可能会微微泛红，脸像浮肿一样，这就是失重造成的。

这次在天上有大量的在轨维修实验，这种操作在地面上感觉很简单，可在天上就费劲了。同样的设备维修，地面上需要1小时，在天上就要延长1.5—2倍时间才能完成。

记者：从太空返回后身体会发生哪些变化？这次在太空驻留时间比以前多一倍，对身体影响大吗？

景海鹏：飞船发射入轨后，航天员就进入失重环境。航天员短期内就要适应这个环境，还要在太空中停留较长时间。等任务执行完返回地面，一进入大气层有了地球引力，体液又到下肢去了。那个感觉就是哗一下子，头立马轻了一大块。

在太空的失重环境中，大部分是依靠上肢力量在移动，腿部几乎不用，这就造成下肢的肌肉力量减弱，专业术语叫立位耐力下降。所以航天员刚返回地面时，需要在舱里适应一段时间，这叫重力再适应，不然腿像灌铅一样，站不住，容易摔跤。

记者：二位在太空中的分工是怎样的？

景海鹏：按照任务分工，我是指令长。在太空，每天工作完了，吃完晚饭，要把当天的工作完成情况、任务调整、新增任务等和陈冬一起沟通，然后写到日志上，同时准备第二天的工作。遇到紧急情况，指令长就要负起责任。

陈冬：我的主要任务是辅助指令长开展舱内的各种试（实）验。我的侧重点在生活照料上，如垃圾的处理、衣服的更换、食品消耗统计等。生活照料也是非常关键的，我们在太空要生活30天，衣食住行，都要处理好。

（《人民日报》，2016年10月17日）

【一句话点评】飞天英雄聊啥，读者都好奇——那就把舞台让给主角！

3. 从受众角度出发

有一次的"对话"稿件，受访者是中国五十大制片人之一、《三打白骨精》《大闹天宫》等电影的制片人刘晓光。一看稿子，好家伙，记者和刘晓光聊得别提多嗨了，可偏偏对读者关心的问题却涉及甚少——刘晓光虽然在电影业内很有知名度，但毕竟不是抛头露面的明星，没有人关心他的八卦日常；人们关心的，是这位著名制片人对中国电影生存空间、主题选择等问题的看法！

这说明记者在设置问题时，没有从受众角度出发，没有为受众着想。

关于对话问题的设置，应该力求受众"想问、未问、欲问"。记者不能光顾着自己聊得痛快，得时刻自我提醒：设置的这些"关注点"，是受众希望知道的吗？等等，你怎么知道哪些事情是受众希望知道的呢？

当时，在纸媒开设"对话"版面的时候，我们设置了"问题征集箱"配套小栏目，公布了栏目邮箱，提前将要与之对话的"大腕"公之于众，让读者把最想了解的问题提供给记者。而读者也果然提出了不少与当期人物密切相关的精彩问题，记者都一一反馈给"大腕"，形成了良好互动。

——在你拿不定主意的时候，请集思广益。

【范例 85】

对话"毕业 5 年存款 5000"女生：不是躺平，是更快乐地去努力

最近，视频《我：毕业 5 年，存款 5000　她：

中传硕士，火锅店保洁》登上 B 站热榜，超 500 万的播放量，令网友直呼"治愈"。

视频主人公弯弯和超超快 30 岁了，"211"名校出身的她们"高开低走"——弯弯毕业 5 年换了 12 份工作、存款不足 5000 元，而超超大龄跨专业考研、中传硕士毕业却不断失业、从头学画画、去火锅店干保洁……面对看起来有些"失败"的人生，视频里的两个女孩笑意暖暖地告诉大家，"别人说我们是一手好牌打得稀烂，但掀翻牌桌后，会发现你的选择还有很多""我感到了从未有过的自由和开阔"。

近日，红星新闻记者对话两位女孩，聊了她们"高开低走"的心路历程，以及未来的规划。

红星新闻：你们本科都就读于名校，现在似乎也没有很大的经济压力，是因为家庭条件都很不错吗？

弯弯：我们家在农村，父母做着非常普通的工作。但爸妈对我的要求一直是健康更重要，找个开心快乐的事情做就行。即使我工作很辛苦，他们不仅仅是心疼，同时也会尊重我，让我选择自己想做的工作。

超超：不是的，就是普通的工人家庭。我爸妈都是工人，妈妈下岗比较早，现在帮人看店；我爸爸也下岗了，现在还在找工作。虽然他们并不很富裕，但没有给我施加经济压力。而且我从读大学开始就喜欢攒钱，物欲也不强，也不喜欢买新衣服、奢侈品和化妆品，是有积蓄的。

红星新闻：父母看到视频后，有什么反应？

弯弯：视频受到关注后，我和家里有一次比较深度的沟通。我给妈妈看了视频，我说，我一直想问你一个问题，今年我考研是注定考不上了，你会不会对我失望？我妈妈很惊讶，她说怎么会呢，她一直都希望我健康快乐就好，她不听别人怎么说，只是觉得我这些年很不容易。我当时眼泪快掉下来。确实，我从小到大都是别人家的孩子，从农村走出来，我是他们的骄傲。我在问出她会不会对我失望的时候，我妈妈说从来没有过，我非常感动。

超超：我不想让他们通过别人知道这件事，就给爸爸妈妈发了条长信息，告诉他们我拍了一个什么样的视频，讲了我失业的经历，之前我是瞒着他们的。我特别提了一下工作对我的磨炼，希望他们不要把失业看得太严重，希望他们能够理解我，不理解也行，他们想说什么也都可以说。没想到，我妈妈说"加油，妈妈支持你"，爸爸回了一些表情。我不知道他们是不是在我面前表现得轻松，背后还是会担心。目前，家里整体没有给我什么压力，对我要求就是健康快乐。

红星新闻：有声音说你们本身有很好的学历背景，其实有很多选择，你们只是选择了一种体验派生活，不断换工作，甚至去火锅店工作，你们怎么想？

弯弯：我们其实并不是单纯的体验派，我觉得可能很多人都误解了，以为我们两个人都是嬉皮笑脸、游手好闲。但其实不是，不管是我以前高中努力学习也好，还是之后我努力地工作、努力地找工作，其实一直都是往前冲的状态，我也是一个目标很明确的人。只是因为我们努力后结果还是失败，之后再一次尝试还是失败之后，我们选择接纳自己，与自己和解，接受自己的普通。心态的转变不是躺平，而是更快乐地继续去努力，更快乐地去生活。

红星新闻：你们之后有什么打算？

弯弯：我现在刚到北京，打算找一份能赚点钱的工作，毕竟存款确实没有啦。不再像以前那样对工作抱有很高的期待，只要能和自己的兴趣有一点相关就好了，同时运营个人账号，我很开心可以把这个账号当作完全表达自己的地方。我现在很平静，也很接纳自己，这种状态让我自己很舒服。我可以接受成功，也可以接受失败，接受任何的变化。我不再追寻一条稳定的道路，我接纳我是一个很努力的普通人，我可能还会经历很多失败，但没有关系，

如果能按自己喜欢的方式过一生，那已经非常非常
幸运了。

　　超超：今年希望多尝试多写，试着去找一些合
适的文字类工作来谋生，业余时间也会坚持自由创
作，一年后看能否达到一个理想状态，再做调整。

　　　　　　　　　　（红星新闻，2023年2月15日，节选）

　　【一句话点评】问到了点子上。

　　【范例86】

对话泰国坠崖孕妇：被丈夫推下时人生进入至暗时刻，如果吃不了苦就放弃对不起第二条命

　　"17处骨折，200多针，还有多次的手术，所有
杀不死我的都会让我更强大。"近日，"泰国坠崖孕
妇三年后站起来"的话题上了热搜，当事人公开的
康复过程惹人泪目，但她的经历也鼓舞了很多身处
逆境的网友。

　　4月2日，回顾在泰国被丈夫推下悬崖以来的
这三年时间，王暖暖（化名）告诉北京青年报记者，
从被推下的那一刻起，她的人生就进入了至暗时刻，
被爱人背叛，事业被摧毁，失去孩子、健康，直到
今年春节前，她能真正站起来，光终于重新照进她

的人生。但这一切过后，她仍相信爱情和婚姻是美好的，只是俞某冬这个人有问题，但他代表不了爱情和婚姻，她也不觉得自己对丈夫好有错。

北青报：俞某冬被抓了之后，你有没有再见过他？每次见他心情有什么不同？

王暖暖：在庭审的时候见过，但是被隔离开的，没办法交流。但对他的恨是不会消失的。当初爱他是真的，后来发生那件事后恨他也是真的。

北青报：他这样对你，你还相信爱情和婚姻吗？

王暖暖：相信啊。婚姻是美好的，爱情也是美好的，只不过这个人他有问题，那是他的问题，他不能够代表婚姻也不能够代表爱情，他不配。就算他为了钱要杀我，但你能说钱是坏的东西吗？我没有错，钱也没有错，我有钱更没有错，错的是他，我也不认为我对他好我错了。想要经营好一段关系，对对方好太应该了。

我还是相信爱情，但我会承认我也有错误，就是我跟他闪婚本身风险是极大的，对对方没有足够的考察是我的疏忽，也是我做功课不到位。我也希望大家能从我身上吸取教训，要跟一个人结婚还是应该相处得久一点，让父母和家人多把把关，也可以通过正规的手段适当调查一下对方有没有涉及过一些刑事案件和民事案件、有没有欠款，这些是我没做的事，希望大家可以知道并有效保护自己。

北青报：被他推下悬崖后，在崖底你绝望过吗？在后来治疗的过程中有想过放弃吗？

王暖暖：肯定绝望啊。当时那边都没有人，我身上17处骨折，我知道自己在流血，如果没人出现，我真的只能等死。被送到医院后，出事的地方在泰国的边境，医疗水平有限，那边的医院给我做的手术主要是救命，但受限于医疗水平，骨头断了接也接不好，有些治疗方案也不太对，回国后只能再做手术重新接，就这样，我在三年多时间里前前后后做了8次手术。

我也有无数次想过要放弃，但想想又觉得不行，不能放弃。就算可能会摆烂几个小时，半天或者几天也有可能。但你一直摆烂下去会变得更好吗？身体变得更好了，还是精神状态变得更好了？没有。所以只能是给自己按下一个暂停键去消化一下不良情绪，消化完了把眼泪收起来，咬咬牙还是要向更好的自己出发，该吃的苦那就得吃。要是一直摆烂，就得一直在床上吃喝拉撒，永远坐轮椅。

北青报：你在视频分享中说你第一次创造奇迹是在悬崖底下活下来，第二次是站起来。第一次奇迹可能是幸运，刚好有好心人发现了你，第二次是靠什么？

王暖暖：可能就算坚韧吧。我自己性格本身比较坚韧，算挺能吃苦的。我有时看新闻，别人从两三层楼高的地方摔下来可能就摔死了，我那个高度大约 13 层楼高了，这样都没摔死，如果因为我觉得太苦了或者信念支撑不下去而放弃了自己的生命，那我觉得不应该，也对不起我这第二条命。其实当时在崖底发现我的好心人，我一直在寻找，通过各种方式，但到现在还没找到，如果我再去泰国乌汶府，还想再找找。

北青报：前几天你在网上分享了"站起来"的视频，近十万网友点赞，网友的留言你看了吗？有没有印象比较深刻的？

王暖暖：当然看了，有的也回复了。有的网友可能因为事故造成骨折，有的是现在事业发展不太好，有的是家庭出了问题，总之是身处逆境，也比较茫然，他们看了我的经历觉得我比他们更困难，但我没有向困难低头，他们感觉也受到了鼓舞。这一类的留言我印象比较深刻，我也会去回复他们，鼓励他们，这也是我把自己经历发出来的初衷。

（《北京青年报》，2023 年 4 月 2 日）

【一句话点评】不避讳痛处，很敢问，也很有技巧，点赞！

4. 做个倾听者

喧宾夺主，这是很多对话常见的问题。

因为对话的对象都是"大腕"，在访谈的时候，要把聚光灯更多地照在受访者身上，记者绝不能为了显示自我而过于高谈阔论——这时候，做个倾听者更为重要。尤其是，当记者者本身见识浅薄，对所采访领域一知半解却冒充专家；或者故作高深，拼命问一些自以为有哲理的话，却又词不达意、语义不明，这更让人贻笑大方。

这里就不举例了。如果大家一定想找反面教材，请看一些电视节目主持人的尴尬采访。

【范例 87】

干细胞勇闯无人区

央视《对话》节目邀请了中国科学院院士、国家重点研发项目"干细胞和器官修复"重点项目专家组组长卞修武院士，共同探讨了干细胞的发展前景。

记者：请通俗解答什么是干细胞？

卞修武：干细胞离不开我们的生命与健康。"干"的干细胞来自stem，也就是植物的茎，干细胞被称为干细胞，是因为干细胞可以在生长的过程中，不断地分化出许多不同的元素，就像一棵树，有许多繁茂的叶子，构成了我们生命的多样性，器官的多样性，以及复杂的功能。

用通俗的话说，我们小时候见过的孙悟空，有两种特征：一根头发一吹，就会变成另外一只一模一样的猴子，叫做"复制"。干细胞具有相似的复制和再生能力，可以制造出与自身相同的细胞；第二种，就是可以改变自己的形态，在生物学上，我们称之为"分化"。

记者：干细胞到底可以做些什么事？

卞修武：从受精卵、囊胚到胚胎的整个发育过程，干细胞是人体生长的初始种子，是生命之源。我们的身体里有很多的干细胞，它们可以帮助我们的身体保持健康。在这个过程中，干细胞会一直在成长，然后成熟，然后被替换，保持健康。在患病的时候，我们还可以通过干细胞来进行治疗，而缺失的部分，则可以通过干细胞来进行修补和替换。例如，用干细胞来弥补帕金森病人缺失的多巴胺神经元，然后调整运动协调性，使大脑功能恢复到正常。

记者：干细胞能治愈所有的疾病？

卞修武：干细胞的基础研究和转化已经展示出

相当广阔的前景，包括一些难愈性创面都可以用干细胞去覆盖，促进生长。我们可以用干细胞去治疗疾病，但干细胞并不是万能的。对于一些疾病，它的发病机制还不清楚，不确定是某一个细胞的缺失，或者某一种物质的减少，现在对于干细胞本身的潜能认识也还不足。这个时候如果我们期待干细胞去万能地包治百病，我想是不可能的。干细胞治疗它是一个医疗行为，必须要有法规和医疗技术的规范，不是病人主观上的需求，医生都应该去满足的。

不同疾病、不同个体、不同器官，所使用的干细胞是不一样的。因此在制备干细胞时也要有目的性、针对性。只有患者客观需要，我们才会补充这类干细胞。

（央视网，2022 年 8 月 25 日，节选）

【一句话点评】医学领域的重大话题，把宝贵版面交给专家。

【范例 88】

如何让世界爱上来自中国的"音乐之声"？
——专访北京国际音乐节艺术委员会主席、著名指挥家余隆

中新社记者：如果简单概括北京国际音乐节 25

年来的历程，你会怎么总结？

余隆：这 25 年，北京国际音乐节坚持用最高的艺术标准、最职业化的运营机制、最前瞻性的艺术理念，搭建东西方音乐乃至中外文化交流的广阔平台。我们邀请阿格里奇、斯特恩、巴伦博伊姆等艺术大师和柏林爱乐乐团、纽约爱乐乐团、巴黎管弦乐团等顶尖艺术团体造访北京，实现了无数乐迷可近距离感受以往只能在唱片中听到的艺术家舞台风采的机会。

一直以来，我个人和音乐节都在坚持传递一个理念，"音乐节，不是单纯的会演，不是简单地把许多台演出集中在一个时间段里"，而是一定要有自己的理念和明确的主题。基于此，才有了 2011 年演出音乐家马勒的全集，以及 2020 年在疫情影响下仍隆重纪念贝多芬的一系列策划，更产生了 2016 年以来在北京三里屯进行的以"新锐单元"板块为代表的一系列前沿舞台创新与探索。

中新社记者：有观点认为交响乐对中国人来说是舶来品，你如何看待？

余隆：我认为这是悖论。对交响乐团来说，它不能分为中国或外国的，只有专业和业余的差别。

今天已经是全球化时代，很多东西不能单纯区分这是西方或东方的，它们都是人类文化的结晶、人类共同的财富，音乐就是一种很有说服力的世界性语言。

用音乐与世界对话，首先是建立标准。当艺术的标准与世界标准匹配，信任很快能建立起来。音乐家之间的口碑很重要，建立一个口碑可能得花10年，但毁掉口碑可能就需要一次。其次是职业操守。职业操守就像这个行业的试金石，可以把它想象成武侠小说里高手过招的场景，一个眼神、一次搭手就足以了解对方的实力。

作为一个用交响乐与世界对话的艺术工作者，我要做的是利用手中的指挥棒传递出自己对中国文化的理解与热爱。海为何能纳百川？因为它足够低调、包容。中国文化的魅力就在于以博大与包容为基石的天然向心力。

中新社记者：面对不同文化，如何用交响乐讲好中国故事？

余隆：如何让一个故事被另一个国家、另一种语言的人听懂并感动，需要换位思考。所讲的故事必须要达到一定艺术高度，才能让听众体会到中国文化的博大精深。比如陈其钢的作品，通过不同的演奏形式、乐器来表现中国文化，达到了很高的艺术境界。不管是东方人还是西方人，美的传递是相通的，交响乐和歌剧是传播中国文化的最好方式之一。

在中国要有世界文化的声音，在国际上也要有中国文化的声音。中国的艺术机构对中国作曲家、中国音乐、中国文化的推广责无旁贷，但真正能"走出去"的作品要能体现中国文化的身份认同、基因认同，越提炼中国文化，越能走向世界，而不是模仿和照抄西方。简单的复制没有任何意义。

我们承担一项很大的社会责任，要向西方主流社会传递中国文化。具体到古典音乐这个领域，绝不是一代人能完成的，应该是一个薪火相传的过程。现在，中国已有像杜韵、周天这样年轻优秀的作曲家进入国际视野并成就非凡，我期待未来更多年轻一代作曲家能带着作品代表中国"走出去"。

"中国概念"的推出，不仅仅是推出几个作曲家和演奏家，而是向世界展现中华民族的优秀文化，展现当今中国的风貌，这才是北京国际音乐节"中国概念"的目标——让世界爱上来自中国的声音。

（中国新闻社，2023 年 1 月 3 日）

【一句话点评】和有思想的人对话，采访是一种享受。

5. 加工是门学问

对话要注重完整性，真实而不可虚构。但是，我们也不能因此就把录音机里的文字原封不动地照搬，加工环节是必不可少的。

为什么要加工对话？这是不是弄虚作假？

当然不是。有些原始的对话内容，不符合语法的规范要求，需要加工；有些对话尽管"含金量"很高，但也不可避免地会有"废话"出现，也需要加工；有些对话虽然精彩十足，但是对话的内容前后不连贯，没有能做到由表及里环环相扣，当然要加工；还有些对话，记者和受访者都知道的一些专业背景，没有在访谈中体现，要把这些背景材料加在记者的问话中，以便让读者更顺畅地阅读。

我们在采访亚马逊中国副总裁刘书女士时，因为相互熟识，就有大量的"废话"需要剔除。同时，记者提问的时候，很多商业背景并没有涉及，以便节省访谈时间，而刘书女士自然也会将此忽略。但是事后，这些有用的信息都要补齐在记者的提问里。

特别注意：加工的铁律是，不能改变受访者的原意。而且，对话稿件在发表前，务必要让受访者过目，做必要的修正。

【范例 89 】

对话"中国好邻居"张旭：我不会成为网红，
将回归普通生活

    因独自在车上自我隔离 12 小时，被称为"中国好邻居"的新冠感染者张先生，经过 14 天的治疗后，于 5 月 10 日出院。在征得他的意见后，这位媒体口中的北京第 218 号感染者，愿意公开自己的姓名。他叫张旭，34 岁，来自吉林，是一位室内设计师。出院后，张旭告诉新京报记者，他的临床分型为普通型，在住院期间，除发了整整一天烧之外，其他症状都比较轻，"新冠没有特效药，医生叮嘱最多的就是放松心情，免疫力强就好得快"。

    新京报：你被称为"中国好邻居"，医生护士们会对你有一些额外的关注吗？

    张旭：实际上，他们并没有多少人知道这件事。医院的医生和护士都很忙，都不怎么看手机。所以他们也没有时间去看新闻，基本上是 24 小时在护理区，对所有人都是一视同仁地照顾和帮助。

    比如，我去医院的时候没带生活用品，都是护士帮着去购买和取的。护士每天会来病房巡视很多次，主要是为了观察病人的动态，对于老躺着睡觉

九、对话不能抢风头   **271**

的也会警觉，担心会有身体不舒服的情况。

新京报：出院前，医生有没有其他叮嘱？

张旭：和住院期间一样，医生会叮嘱还是要增加自己的免疫力，保持一个好心情。医生会建议我去锻炼身体，毕竟，这个病目前没有特效药，都是靠自身的免疫力。

新京报：住院期间你是不是收获了很多问候和关心？都来自谁？收到过比较特别的问候吗？

张旭：就是我的同事、朋友、家里人和客户，还有很多……基本上看到新闻的都会来问候和关心我。也有很长时间不联系的朋友和同学，这个数量还挺多的，有好多我老家那边的人给我打电话，关心我，都在问我的情况。重拾了很多联系。

新京报：听说在出院之后，你也没有选择回家隔离，而是待在了酒店，为什么？

张旭：我在出院前接到过医院打来的电话，问我是想回家还是去酒店隔离。我想的是，要是我回家了，我的室友会和我一样被隔离 7 天，还是怕给他们添麻烦。

新京报：上次采访的时候，你提到这件事还没有告诉父母，半个月过去了，他们知道你患病的消息了吗？

张旭：父母目前还不知道，他们 60 岁了，也很少看网上的信息。家里人只有弟弟知道，所以我一直叮嘱弟弟不要告诉父母，只要弟弟守住就可以了。

我想如果他们能一直都不知道的话，我也不会和他们讲这个事情。对于父母来说，只会徒增担忧。

新京报：不少网友都注意到你的微博账号开通了，怎么想到要开通微博？

张旭：开通微博是因为之前在接受媒体采访的时候，对方提出了连麦的需求，想在微博直播，所以我才注册的。这也是为了媒体采访方便。

新京报：过了这段时间之后，还会继续使用这个微博账号吗？

张旭：会继续使用，简单发一些与职业相关的内容。别的功能不会再用了，也不会再直播，只会有一些日常而已。

（《新京报》，2022 年 5 月 12 日）

【一句话点评】删掉了很多口语化的对白。

【范例 90】

对话诗人树才：到了某个年龄，开始"倒着活"

李峥嵘（《北京晚报》高级编辑）：您在《给孩子的 12 堂诗歌课》中谈到那些感动您的诗歌，那些生活中的小事，坐公共汽车的时候听到孩子和母亲的对话，都能触动您的灵感。从社会角色来看，您是老师，您教孩子写诗，可是您却谦虚地说，是孩子的童心开启您。我是否可以理解教和学是一种生命的双向流动？

树才：这本书其实不是写成的，而是"说"成的。我教孩子们写诗后，心里想，还应该同孩子们的爸爸妈妈建立关联。怎么建立呢？我就利用手机的便利，用微信，给他们讲了我心目中诗歌的古今中外，我偏爱的那几位大诗人，我最熟悉的法语诗歌……因为一开始，我也不知道该怎么教。录第一节课之前，我突然想起，我以前写过一首诗《爱是什么》，就是从一个小女孩在公交车上说的一句话得到灵感的。那是异常动人的一句话："爱是妈妈。"用"爱是什么"这样一个问题来开始诗歌课，我还有一个用意，那就是，我想让孩子们明白：诗歌是源自爱的。通过写诗，我们是在试着表达对这个世界的爱和发现。

李峥嵘：写诗，似乎是一件很"高大上"的事情，可是您却说爸爸妈妈如果能把小朋友们有趣的话记录下来，其实就是诗。这里面对父母的素养要求其实挺高的，要不失童真才能发现呢。您觉得要怎么样保持我们的童心？

树才：童心浑然，自在。童心对一个孩子，是自然而然的天然拥有。童心内在于每一个孩子，当然，也可以说内在于每一个生命。但对成人来说，童心已经躲得很深了，像一个害羞的孩子不肯露脸。童心像是一个源头，在孩子这个小生命的山里，诗句是汩汩涌出的泉水，干净，清新，带着天然的想象力的叮咚声。诗是什么？就是天真的话语啊。对孩子来说，天不是空，什么都没有，天是真的（所以他们才天真），要什么云就有什么云，而且云随他们的想象自由变幻。

　　写诗对孩子，可不是"高大上"的事情，而只是有趣的语言的游戏，他们感觉得到意义在其中的变化。我发现，只要给他们一句诗（这句诗包含了一个句式），只要把这句诗讲解一下，他们马上就知道怎么活用它了。当他们把自己的想象搁进去，当他们用自己的感情给这个句子一种色彩，一种口吻，这就是一句诗了。小孩子自言自语时，其实他就是在作诗。

　　我希望爸爸妈妈们耳朵尖一点，多花一点时间，同孩子对话，多倾听孩子说话，这些话发自孩子的内心，说出了他们对事物的感觉、发现和知见。孩子的话是很哲学的，常常有一种令人惊诧的深度。爸爸妈妈们只需要耐心，倾听，适当引导孩子的思绪，让孩子敢于表达自己就行了。

（《北京晚报》，2017 年 10 月 3 日，节选）

【一句话点评】提问里信息量很大，一问一答才是完整。

十、评论如何有力量

1. 明确你的观点

评论，是媒体的灵魂。诚实、梦想、价值观，都在评论里淋漓尽致地体现。

写评论最重要的，就是观点明确：从论题中提炼、引发出的观点，要旗帜鲜明地给予读者见解、观点、论断、结论；那些"我们理解，同时我们也体谅"之类面面俱到的"滑头评论"，决不鼓励。

如何做到观点明确？提供四个小贴士：

首先，写评论之前，先要明确自己的观点是什么，写作时开宗明义，在开头就点明观点。

其次，整个评论中，你的观点要成为主线，贯穿始终。

再次，写评论的过程中不断检讨：证明论点的依据是否真实、充分？选取的材料是否典型？是否和论点密切相关？

最后，结尾可以与开头呼应，重申观点。再从头到尾检查一遍行文，看有没有"跑偏"，论点证明是否有力。

【范例 91】

像保护城楼一样保护雨燕

据北京晚报报道，正阳门城楼的修缮预计在年内进入全面施工阶段。此次修缮亮点纷呈，其中重头戏是为正阳门城楼还原上个世纪部分城楼彩画"金线小点金旋子彩画"形制，最大程度贴合历史原貌。令人欣喜的是，"注重生态保护，也是这次正阳门城楼修缮的一大亮点"，据北京中轴线遗产保护中心主任关战修介绍，正阳门城楼的维修架子本应搭建好了，但 4 月至 7 月是北京雨燕繁殖期。考虑到雨燕要在城楼孵化，架子会影响雨燕进出，所以要等 8 月雨燕全部南飞之后再搭。

正阳门是北京现存最完整、体量最大的清代木结构城门建筑；正阳门城楼修缮是中轴线申遗的重要节点工程。如此关键又值得期待的修缮工程无疑要赶工期，为什么要等到雨燕全部南飞越冬后再开始施工？一句话：正阳门要保护，雨燕也要保护。修缮正阳门，是为了体现遗产的原真性和完整性；也是为了雨燕的安乐窝更加亮丽多姿。

雨燕是北京中轴线上"活态文化"的代表之一，也是老北京的心头好。雨燕围着正阳门城楼栖息盘桓、追逐竞飞的景观，已持续 600 余年，这种候鸟也成为世界上唯一以"北京"命名的鸟类。灵动可爱的燕子，早已成为正阳门城楼风景的一部分，是北京天空中一抹流动瑰丽的色彩。修缮工程避开雨燕繁殖期，保护了燕子的生活习性不受人为施工影响，也保护了中轴线风景中一张闪亮的名片。最大程度贴合历史原貌，本就是正阳门城楼修缮计划的重要目标；而还原城楼之上风过檐铃、雨燕吟唱的景象，自然也是该项工程的题中之义。其实，保护北京雨燕不自今日始，北京市正阳门管理处从 2019 年就开始尝试在城楼天花吊顶上为雨燕提供草编的人工巢托，成功帮助了雨燕利用人工巢托完成繁殖活动。

雨燕还是北京生态自然环境循环运动链中的重要一环。保护雨燕的北京之旅不受打扰，也是在践行生态优先的发展理念。在北京，工程计划避让自然景观的贴心周到之举并不少见。去年，国家一级保护动物大鸨在通州区台湖镇栖息过冬，为防止惊扰大鸨，地铁排水沟施工项目暂停工程；在 109 国道新线高速项目施工范围内，由于新发现 61 棵古侧柏，高速公路线路为此改道避让。草木花鸟，皆是自然与人文兼具的珍贵美景。虽然施工节奏暂时被打乱，但连续 6 年来通州越冬的大鸨今后仍可以将北京当作安心之所，不可再生的侧柏活化石也留住了挺拔的身姿；正阳门城楼修缮工程的施工日期被拖延了，但可以让所有市民安心：雨燕住在这里，依旧安全舒适。

像保护城楼一样保护雨燕，保护的是中轴线景观的整体性和多样性，是北京对生态文明建设的重视和坚持，更是人与自然和谐发展的智慧和远见。

（《北京晚报》，2022 年 9 月 6 日）

【一句话评论】大声疾呼，不容置疑。

【范例 92】

外卖打包费不能成"包装刺客"

多家媒体近日报道了一些外卖商家收取打包费的乱象："一份 13.14 元的奶茶，打包费竟要 4 元，而送来的这杯奶茶外面就只有一个塑料袋""18 元的麻辣烫外卖，包装费要 6 元"……此类现象引发了网友广泛关注。

随着外卖行业的迅速发展，网络订餐已成为人们生活中不可或缺的一部分，但不少外卖商家却趁此机会，在打包费上动起歪心思。据媒体报道，目前一些外卖平台上的商家存在"包装刺客"现象，有时即使购买无需打包的产品，也会被默认收取打包费，甚至存在反复收费的情况，让消费者直呼"吃相太难看"。

实际上，外卖商家就外卖收取适当的包装费具有一定的合理性。这主要是因为外卖不同于堂食，需要使用一定的容器来打包食品和饮品，且依据相关政策规定，外卖商家需要使用环保型包装材料进行打包，而这些投入都是需要成本的，于是外卖平台便设置了打包费这一收费项目。不过，对于外卖包装费应该收多少，平台并没有统一的标准。现实中多数商家收取的费用从1元到几元不等，由于打包费是"隐藏"的必选项，稍有不慎，就可能会被"刺"到。

还要看到，一些外卖商家对于有红包优惠的顾客收取打包费多，没有红包优惠的顾客收取打包费少，其实说白了就是商家用打包费来弥补打折后的利润损失。此外，打包费的定价远高于成本。有业内人士称，商家的包装成本都能控制在0.5元左右。保温袋价格约0.6元/个，塑料袋约0.08元/个，如果大量采购或有固定的供应商，价格会更低。这也说明，一些商家已把打包费异化为一种"赚钱套路"，认为多收一份打包费就多赚一笔钱。

出现上述情况的原因，还在于一些商家把包装费当成了利润而非成本。面对激烈的市场竞争，商家不敢在菜品上加价，于是就在包装费等细枝末节处"做文章"，最大程度提高自身的经济效益。我国消费者权益保护法明确规定，消费者享有对商品或服务的知情权与自主选择权，经营者应当诚信经营，不得设定不公平、不合理的交易条件，不得违背消费者意愿搭售商品、服务或附加其他不合理条件。一些商家乱收打包费，相当于捆绑消费、强制消费，是对消费者知情权和自主选择权的侵犯。

面对外卖"包装刺客"现象，必须要有所治理。相关部门应指导外卖平台尽快制定统一规范的外卖包装及打包费收取标准，并对过度包装、强制收费等违法行为及时进行处罚。平台要对过度包装、强制收取打包费的商家进行严格约束。广大外卖商家也要依法诚信经营，少耍小聪明，公平合理收取外卖包装费，既要让消费者知情，还要给予消费者一定的选择权。消费者发现"包装刺客"后，有权拒绝交易，也可以及时向市场监管部门投诉、举报，依法维护自身权益。

（《法治日报》，2023 年 4 月 5 日）

【一句话评论】观点明确，掷地有声。

2.四多四少话通俗

这个故事很多人耳熟能详：唐朝大诗人白居易以诗文求功名，《墨客挥犀》称他每写完一首诗，都要先念给街边的老婆婆听，一旦老婆婆不懂，立刻修改！也因此，才有了《卖炭翁》这样经典诗作流传千古——以诗言志也好，求功名也罢，首先，得让"目标受众"听懂。

评论也是如此啊！

我们写的评论，本想展示风骨、彰显正义，可偏偏写得高深莫测，谁都看不懂，那力度可就锐减喽！要知道，受众的受教育程度、文化素养千差万别，高低不同，只有做到语言通俗易懂，才能吸引更多的受众，从而传播思想。

做到通俗易懂很简单，记住"四多四少"即可：

多些家喻户晓的大白话，少些刻板公文语言；

多些时尚幽默的"新词"，少些晦涩生僻的词；

多些发生在身边的例子，少些佶屈聱牙的典故；

多些深入浅出讲道理，少些高深莫测聊理论。

【范例93】

卷文旅局长不如卷文化内核

各地的资源禀赋不同，成功路径无法简单复制，以"盛唐密盒"的走红为观照，如何发掘本地文化资源、发挥独特文化优势，值得思考和借鉴。

近日，由西安大唐不夜城景区推出的"盛唐密盒"表演火爆出圈。该表演由两位扮演"房玄龄"和"杜如晦"的工作人员出题，并随机挑选游客上台参与答题。"房谋杜断"组合配合默契、谈吐风趣，与游客的互动更是"爆梗"不断，表演视频也在网络上受到广泛热议。

从历史典故到诗词歌赋，从加减乘除到脑筋急转弯……两位穿越而来的唐朝名仕，化身"接梗小能手"，幽默风趣的脱口秀问答令人忍俊不禁，"演艺＋体验"的表演形式令人耳目一新、欲罢不能。伴随着"盛唐密盒"的爆火，大唐不夜城成功打造出新IP，西安引起更多人的打卡兴趣，由此也给人留下了启发和思考——文旅融合之路上，小制作也可以展现大能量、创造大收益。

单纯从制作成本来看，"盛唐密盒"可以说微乎其微，但在流量密码的加持之下，"盛唐密盒"的出圈之路越走越远。究其原因，不仅在于其中融合了时下非常火爆的脱口秀形式，更在于将历史文化知识娓娓道来，通过"房谋杜断"组合，赋予传统文化更新的时代表达，为沉浸式演艺增添了文化的气息。

作为典型的引擎型经济、流量型经济，文旅产业不仅能创造直接的经济效益，而且能延长产业链条、带动区域经济的综合发展。近年来，文旅消费者越来越看重品质化、特色化的旅游体验，文旅市场也因此进入创意制胜的时代。在此过程中，尤需警惕"买椟还珠"式营销——如果说丰富多彩的表现形式是精巧的木匣，文化内核才是其中熠熠生辉的宝珠，这恰恰是最珍贵，而又最容易被忽略的内容。

从董宇辉持续受到关注，到"绝望的文盲"遭受群嘲，文化属性在文娱类产业里扮演着越来越重要的作用。文化的生命力是持久而强大的，依托于文化内核，现代的文艺表现形式可以流露出厚重的历史韵味，哪怕是一个小小的盲盒，也能展现出寓教于乐的功能。反之，如果失去了文化内核，红极一时的营销创意很容易昙花一现。

值得一提的是，以文塑旅不应该成为文旅局长的"独角戏"。前一段时间，各地文旅局长纷纷披挂上阵，虽然一时成为备受关注的话题，但多数地区最终都归于沉寂。究其原因，同质化的"内卷"很容易使人审美疲劳，如果没有持续稳定的旅游产品支撑，无论旅游局长多么卖力，终究无法持续保持热度。

创意无限的年代，所谓"出圈"更多需要个性化表达来完成，而基于文化内核的个性化表达，首先就建立在充分调动本地文化资源的基础上。各地的资源禀赋不同，成功路径无法简单复制，以"盛唐密盒"的走红为观照，如何发掘本地文化资源、发挥独特文化优势，值得思考和借鉴。

（《澎湃新闻》，2023年4月8日）

【一句话评论】通俗易懂讲道理，"卷"字时尚接地气。

【范例94】

"非遗＋电商"，让传统技艺多渠道"出圈"

非物质文化遗产，是中华民族优秀传统文化的重要组成部分。如何保护、继承并发展好这些传统技艺，是当下值得思考的话题。

据媒体报道，首届中国非物质文化遗产保护年会（以下简称"中国非遗保护年会"）于近日在陕西省榆林市举办。这场题为"打造非遗年度名片，绽放非遗绚丽色彩"的文化活动，由文化和旅游部指导，中国非物质文化遗产保护协会主办，陕西省文化和旅游厅与榆林市委、市政府联合主办，抖音电商是参与平台之一。

近年来，电商平台参与非遗传承保护屡见不鲜。而首届非遗年会，也借由短视频集中展示传统非遗技艺、非遗美食、非遗文创及非遗传承人的故事。从把织布机搬上抖音，吸引10万年轻人围观的吴罗织造技艺非遗传承人朱立群，到用短视频宣传核雕技艺和文化的国家级非遗传承人宋水官；从依靠竹编带动600多人增收就业"90后"非遗从业者刘霞冰，到分享茶文化、茶知识，销售茶叶的制茶手艺人陈亚忠；从把浇铸、雕塑、修蜡、打磨和彩绘等一道道铜工艺品制作工序搬上短视频的俞光，到孟津剪纸代表性传承人畅杨杨……越来越多的非遗传承人和非遗项目在电商平台大放异彩。

这种模式不仅拉近了传承人和消费者的距离，更让传统技艺本身在年轻人心中烙下印痕。而平台也在这种合作中，更加关注非遗产品背后的文化内涵和深度。

2022年6月发布的《抖音非遗数据报告》显示，抖音电商平台上，"00后"购买非遗好物的热情高，购买非遗好物的成交额同比增长最快，为959%；在抖音电商获得收入的非遗传承人数量同比增长34%。

显然，"非遗＋电商"不仅在渠道上拓展了非遗的传播路径，也促使非遗传承实现规模经济和商业变现价值，继而扩大其影响力，获得更多年轻人的青睐。从近几年非遗传承路径来看，非遗技艺、产品，同消费者的兴趣连接愈发紧密。当然，更深层次的来看，这种连接模式是否可复制，是否有更多创新赛道助力这一模式可持续，进而给各类群体的生活带来文化趣味和不一样的体验，是更为关键的事。

非遗传承需要更多载体，而电商参与的本质，并非是带了多少货，而是以这种方式默默影响人们的生活，给非遗传承，也给广大爱好者打开一扇想象的窗口。非遗技艺从小众到大众，需要真正融入当代年轻人的生活，才能引起他们的关注、热爱、保护和传承。中国非遗保护年会举办期间，抖音不仅在线上搭建了"dou 见非遗"会场，推出"游在中国的非遗""穿在身上的非遗""读在书中的非遗""非遗玩家"等内容板块，让更多好商品通过抖音电商"出圈"。

电商平台用年轻人更容易理解和接受的内容创作方式，让更多人参与到非遗保护工作中。非遗传承人通过电商平台集中推介"非遗好物"，让年轻人在消费和使用非遗产品的同时，领略传统技艺的魅力，感受传统文化的厚重内涵和风采。

（《中国青年报》，2023 年 2 月 27 日）

【一句话评论】抖音、电商和非遗，都是挂在嘴边的事儿。

3.别输在专业性上

负责任的媒体评论员，为了写好一篇评论，往往要浏览数十家媒体对要评论的新闻事件的报道。为什么？要了解、掌握新闻事件的所有背景，有的放矢，观点才能让人信服、立得住。

2023年4月7日，全国震惊的"铁链女"事件有了结果：江苏省徐州市中级人民法院一审公开宣判被告人董某某虐待、非法拘禁案，数罪并罚，决定执行有期徒刑九年。其他被告人也各自受到相应的惩罚。

针对这一重大新闻，媒体理应有正义发声。于是，我们查找了"铁链女"事件发酵至今各主流媒体的报道，掌握事件的全方位情况；同时，对延展新闻也进行了解，比如被拐卖妇女的前世今生、丰县多起拐卖传闻的真伪等，甚至连相关的影视作品及群众的强烈反响等"周边新闻"，都了如指掌。再结合一直以来对"铁链女"事件的关注，可以自信地说，对于"铁链女"事件乃至打拐话题，我们具备了足够的专业性，可以公允地进行评论了！

评论公共话题，要具有专业性，就更别提专业领域的评论了。

如今，大众传播的分众化成为媒体发展趋势，包括评论在内的新闻报道专业化、细分化已是必然，这对专业性提出了更高的要求。很多媒体在报道专业性较强的领域，比如财经、军事、科技等，纷纷请该领域的专家站台，效果良好……

专家闪亮登场，记者就派不上用场了？绝不是。

一方面，我们讨论任何领域任何话题，其实都在讨论该话题对"人"的影响，而新闻工作者身处普通民众之间，真正地同呼吸、共命运。所以，最具有人文关怀精神的记者，具有专家们不具有的视角与思考方式。另一方面，身为记者，理应在自己所负责的领域，凭借拓展人脉、积累见识，掌握评论的话语权，做到与专家们相比不遑多让——还记得第五章第四小节的标题吗？记者要"争做本领域的专家"！

【范例 95】

A 股是否要对核酸检测企业说不

疫情催涨业绩，核酸检测企业乘势扎堆 IPO，有的排队，有的过会，也有的已经上市，但 A 股不需要这样的上市公司。缺乏核心技术壁垒，仅仅靠着一场疫情催涨的业绩也不会有多么牢固，疫情终会过去，这些核酸检测企业高增长业绩泡沫终会破灭。在业绩最好的时候上市圈钱，画最大的"饼"让股民接盘，割的是股民的韭菜，伤的是 A 股的心。

　　在业绩最好的时候，想把企业卖出去，这是最好的生意。在 VC/PE 领域，这叫生产企业的企业，但核酸检测却太明显。大家都知道，只要疫情过去，这些企业的超额利润马上消失，如果花很高的市盈率去买这样的公司，最终只能是"赌命"，赌未来公司转型后的经营情况。这和投资一家新办企业没有多大区别，这样的企业上市纯属占用上市资源。

　　此外，核酸检测公司暴涨的业绩让公众心里不舒服。就好像 2015 年股市暴跌时，做空资金赚钱赚到手麻，但它们让投资者愤怒。同样是投资大师，索罗斯的美誉度远不及巴菲特，和大家一起赚钱与赚大家的钱自然是不一样的。

　　核酸检测公司赚钱的时候，绝大多数人牺牲了很多东西，现在疫情快基本结束了，这些核酸检测企业又想来上市圈钱，割最后一轮韭菜，投资者心中的滋味可想而知。

　　在本栏看来，这些核酸检测公司不上市则已，一旦上市，破发几乎是必然。因为投资者都明白，用市盈率去计算它们的价值，还不如去投资养猪股。猪周期好歹等几年怎么也有一次峰值，而想要等到下一轮疫情到来，也不知道会不会地老天荒。

　　A 股要对核酸检测企业说不，不要让它们上市融资，甚至也不购买它们发行的企业债。事实上，它们并不缺钱，上市的目的只能是割投资者的韭菜。

（《北京商报》，2022 年 11 月 21 日）

【一句话评论】内行人看问题，鞭辟入里。

【范例96】

让手机应用软件更清爽

近年来，应用软件产业发展迅猛，为广大消费者提供了丰富多彩的互联网应用，便利了人民群众的生产生活。与此同时，预置应用软件过多且无法卸载等新情况，也令人不胜其烦。查看一下手机等移动智能终端，一般都有好几款预置应用软件，多的可能会超过 10 款。这些预置应用软件大多功能比较弱，占用内存空间，容易导致手机运行减慢，消耗待机时间，其中有一些还强行推送广告、窃取个人信息，不仅影响用户使用体验，更潜藏着侵害用户权益的风险。无论从保护用户合法权益，还是从清朗信息消费环境来看，规范终端预置应用软件势在必行。

消费者期待在哪里，监管和服务就要跟进到哪里。2013 年印发的《关于加强移动智能终端进网管理的通知》提出，生产企业申请进网许可时应提供预置应用软件基本配置信息。2017 年实施的《移动智能终端应用软件预置和分发管理暂行规定》强调，生产企业和互联网信息服务提供者应确保除基本功能软件外的移动智能终端应用软件可卸载。今年 1月 1 日起，《关于进一步规范移动智能终端应用软件预置行为的通告》（以下简称《通告》）正式执行。近年来，相关部门接续发力、频频出台相关举措，目的就是让手机应用软件更加清爽，更好维护用户权益。

其实，在移动智能终端接入预置应用软件并非不行，关键是要依法合规。设计构造移动智能终端的主动权在厂商，但购买后下载什么软件、如何使用，消费者有权自主选择。正因此，要在尊重并保障用户知情权和选择权的前提下，按照"最小必要"原则预置应用软件，既确保用户能够正常使用终端产品，又最大限度压缩不可卸载应用软件的范围。《通告》进一步明确和细化了"不可卸载"预置应用软件的定义和范围，明确生产企业应确保移动智能终端中除基本功能软件外的预置应用软件均可卸载，并提供安全便捷的卸载方式供用户选择。这意味着，预置应用软件不可删除这一问题有望得到解决。

规定出台只是起点，能否落地显效还有待观察。

如今智能手机等移动智能终端行业进入存量竞争阶段，各品牌在硬件上的差异越来越小，不少厂商将营收重心转向互联网服务。有的厂商和应用软件开发者借用预装方式捆绑销售，以实现市场推广、拓展用户和收入增长等目的，这是预置应用软件难以瘦身的重要原因。从这个角度看，规范移动智能终端预置应用软件还需久久为功，一方面应同步修订配套的标准规范，强化标准引领；另一方面要完善应用软件全链条监管体系，从应用软件预置和分发等多环节共同发力，在进网环节加强安全检测，在运行环节强化应用软件管理，从而促进移动互联网和智能终端产业安全、有序、健康发展。

预置应用软件看似可以给移动智能终端厂商和应用软件运营商带来双赢，现实中却很有可能因为影响用户使用体验、损害用户权益导致双输。用户选择移动智能终端和应用软件，既有使用便利的需求，更有自主舒心的考量，这些衡量因素都应当引起移动智能终端厂商的重视。把选择权还给消费者，多在创新产品服务上下功夫，才能赢得用户、赢得口碑、拿到更多市场份额。期待各方协力推进，构建更加安全、更有活力的产业生态，让信息通信服务供给更加优质，移动智能终端使用环境更加清朗。

（《人民日报》，2023 年 2 月 10 日）

4.值钱的是建议

首先需要声明，媒体评论，并不天然地担负着提出建议的职责。不过，恰恰因为这样，我们才说：提出建议的评论最"值钱"。

美国现代新闻之父、普利策新闻奖创始人约瑟夫·普利策曾经说过，倘若一个国家是航行在大海上的船，新闻记者就是船头上的瞭望者，他要在一望无际的海面上观察一切，审视不测风云和浅滩暗礁，及时地发出警告。这是普利策对新闻记者社会定位和义务的阐述，我们认为，这更是对新闻评论的要求，但还远远不够。

当代中国，社会热点、突发事件层出不穷，评论要诚实对待社会问题，大声疾呼指出正谬。而除此之外，作为所报道领域的专家，记者经过了多年的行业浸渍，最知道问题在哪儿，也有粗略的解决之道。尽管不可能全面与完全可行，但起码可以给出一家之言供参考。

所以，写评论，除了要反映社情民意、传递政府声音、进行舆论监督之外，更要动脑子想想解决办法——如果我们的评论不仅是匕首和投枪，更是解决问题的钥匙与灵药，那可就价值连城了。

留住 2 元退烧药，不能光靠药企"良心"

"2 元钱一板，一人限买 2 板"，这两天，2 元 20 片的退烧药对乙酰氨基酚片（扑热息痛）火了。引发热议后，生产厂家东北制药方面回应，已维持 2 元 / 板的价格多年，目前正满负荷生产保障供应，该药当前日产能为平时的两倍，还称"不进行涨价"。

醉过方知酒浓，"阳"过才知退烧药珍贵。在用药需求放大、加剧了药物紧张的当下，2 元 20 片的对乙酰氨基酚片居然没有趁势涨价，还维持这样的价格多年，跟个别药店趁机哄抬药价的做法完全是反向而行。按当下的物价水平，2 元钱的购买力已相当有限。在网上，就有网友发视频感谢这款"东北神药"。

如今随着药价改革持续推进，药品定价市场化已成趋势，药品价格高低通常跟企业研发专利、产能水平和市场供需紧密相关。在充分市场化竞争的语境下，不能因为某款药物定价较高，就轻易给药企扣上"无良奸商"的帽子。但毫无疑问，医药市场不能没了普惠医疗方案和平价药品药物的存在。

普罗大众需要便宜又好用的药物，超出了承受力阈值可能就用不起了。尤其对那些常年卧病在床的患者来说，能否把用药成本降下来，也关乎他们的生存处境和家庭的负担情况——毕竟，有些药物之于他们就是维持生命的必需品。某种程度上，能不能保障低价药物供应，也是普惠医疗可及性的评价标尺。

而要确保低价药物不断供，显然不能只靠药厂们的道德血液。这些年来，廉价药"濒危"的消息不时传出，部分廉价药停产断货还引发了舆论广泛关注。此次对乙酰氨基酚片走红，也不啻为人们遗憾于一些廉价药退场的迂回表达。

这些廉价药断供的主要原因，不是厂家没有良心，而是"价格低＋需求少"导致企业动辄陷入亏损。价格低压缩了利润空间，需求少则断了薄利多销的后路，没法盈利，企业也就没有了继续生产的动力。

一方面是患者对廉价药的长期需求，一方面是很多廉价药生存空间有限，当此之时，我们要做的，并非对厂家搞道德施压，而是寻求让患者和厂家都能受益的最优解。

就目前看，将部分患者急需、市场紧缺、利润率不高的廉价药纳入国家基本药物保障体系，让厂家定价向终端售价的传导经过保障体系的调节，让民众在基层医疗机构就能轻易获取药物，是很常见的解题思路。眼下颇受社会关注的药品医用耗材集中带量采购模式，就与之有些相通。在此之外，可以考虑给予廉价药厂家办证、贷款、税收等环节多重政策倾斜，让药企自觉、政策善意和民众期许"多向奔赴"，最终激励更多药企参与到廉价药保供中来。

这次大受追捧的"2元20片对乙酰氨基酚片"，没有在特殊时刻提高价格，跟药企的担当不无关系，也跟该药品被列入国务院联防联控机制发布的《新冠病毒感染者居家治疗常用药参考表》直接相关。列入防疫药物保障体系后，薄利多销的模式也能跑通，涉事药企可以社会效益跟经济效益双收，民众更是能从中受惠。

对乙酰氨基酚片凭着廉价得到了舆论赞许、收获了社会口碑，这对许多药企不无启示：眼下是药物保供的冲刺期，也是药企用担当积攒口碑的机遇期。希望更多药企能见贤思齐，用好用不贵的药物供给解民众之所急、得民众之好评。

（《红星新闻》，2022年12月29日）

【一句话评论】满含责任感的呼吁。

让"共享电子病历"有制度保障

全国两会期间，政协委员许可慰提交了《关于建设全国统一医院电子病历系统的提案》，这个提案受到不少政协委员的关注和认可。目前，已有多名政协委员在这件提案上联名。

在医院里，很多人都见过这样的场景：有人夹着厚厚的档案袋，到处排队挂号做检查。这些档案袋里面，装的是其他医院的病历和做过的各种检查。但是，因为换了医院，所有这些都必须重新做一遍。看病难，很多时候就难在一遍一遍地做检查；看病贵，很多时候就体现在不断重复的检查费用上。

因此，建设全国统一的电子病历，起码有三方面好处：首先，可以提高医疗资源的利用效率，再也不用换一个医院做一次检查了；其次，可以降低患者负担，少做检查就意味着少花钱；再次，通过共享电子病历，可以减少误诊和误判，这对于医生也是一种保护。

2022 年 3 月，《医疗机构检查检验结果互认管理办法》正式实施，其中要求，各医疗机构检查检验结果实现全国互认。目前，河南正在积极推进电子病历、智慧服务、智慧管理"三位一体"的智慧医院建设。在智慧医院的基础上，实现电子病历的互通共享，有助于实现智慧医疗，既让医生看到其他医院的检查结果，同时也让医生看到其他同行做出诊断的依据。更重要的是，实现更大范围的医疗数据共享，可以拓宽互联网诊疗的应用渠道，推动优质医疗资源扩容下沉和区域均衡布局。

目前看来，建设全国统一医院电子病历系统的关键不在于技术手段，而在于制度细节——如何在数据共享的同时保护好患者隐私，如何在互联互通的同时保障医院的知识产权，这些都有待于相关制度的进一步建立和完善。从这种角度来看，只有兼顾各方利益，才能使"共享电子病历"走得更远。

(《河南日报》，2023 年 3 月 14 日)

【一句话评论】多少事情没制度保障，已成空话……

5. 呼唤正能量

多年之前的一场争论，一直刻在脑子里，挥之不去。

广西某地发生了无差别杀人的恶性事件，且死伤者多为小学师生。当时资讯远没有如今发达，消息并没有外传。凑巧，一名记者在南宁休假，得到消息后立刻赶到事发地，采写了翔实的独家报道。我们还配发了一篇铿锵有力的评论，对卑劣的犯罪行为进行抨击谴责。

不过，在是否刊发这条消息的问题上，报社内部发生了争执。

支持刊发者表示，新闻就是有闻必录，更何况人民有知情权，媒体应该告知真相；反对刊发者则担心，一旦消息发布，会导致更多的"模仿犯罪"产生——这并非杞人忧天，早在欧美"模仿犯罪"高发时，不少学者就将之与大众传媒联系起来：行为主义学派的塔尔德提出"社会模仿理论"，认为人类天生具有学习的能力，所有社会生活的重要行为与现象都是由模仿所获得，犯罪也不例外；社会学家拉扎斯菲尔德与默顿更指出，传媒是一种既可以为善服务，也可以为恶服务的强大工具，由此提醒媒体谨慎报道犯罪类新闻。

最后，为保险起见，我们放弃了这条新闻与评论。

当然，媒体报道与"模仿犯罪"之间，并不一定具有绝对的因果关系。更何况如今是资讯发达的网络时代，任何新闻都会瞬时出现在媒体上，无处隐身。可即便如此，我们也不应放弃思考：在这个流量为王的猎奇氛围下，媒体对于正能量的弘扬，是不是太过少了一些？尤其是评论，理应在疏导公众情绪、与公众情感共鸣上下功夫，而情感共鸣的关键，就在于尽量以正能量情绪鼓舞大众。最起码，也应该做到公平起见，不能视大量正能量新闻而不见，总盯着负能量新闻做文章！

评论不能总唱赞歌，当然允许抨击假、恶、丑——可有什么，能比人性的光辉更具有力量呢？

【范例 99】

警惕制造社会对立的挑事者

"我从小的梦想就是当警察、抓坏人，到最后，被网暴逼着离开。"近日，曾在全网掀起反诈热潮的知名网红"反诈警官老陈"陈国平宣布辞去警察职务。谈及辞职原因，他难掩愤怒与无奈：自己微笑被骂、捐款被骂、连麦被骂、正常说话也被骂……这番"控诉"听得人五味杂陈。

当过兵，缉过毒，身经百战的老陈最后却被虚拟空间的唾沫淹得喘不过气，网暴之凶恶再次刷新大家的认知。而这份深深的恶意，正无差别地产生伤害性，不论是"专业大咖"还是"网络红人"，哪怕就是一名"无辜路人"，莫名躺枪动辄得咎进而被骂到"十恶不赦""万劫不复"的情况也时有发生。仅就今年来看，前有"寻亲男孩"刘学州，在疯狂谩骂中痛苦自杀；近有为送菜小哥充话费的女子，疑被言语暴力逼到跳楼。事实说明，流言恶语从来都是伤人害命的。而互联网的低门槛、匿名性等特性，又进一步放大了暴力伤害。暴戾恣睢、恶意汹涌，轻则违背公序良俗，重则击穿法律底线，俨然已是互联网上的致命"毒瘤"。

网暴成风，搅得舆论场乌烟瘴气。而仔细观察就可发现，一次次"骂战狂欢"，大都有搬弄是非、强带节奏、制造对立、喊打喊杀的"节点人物""关键群体"。很多人在口头上极度推崇意见场里的自由表达，大谈所谓参差多态，行动上却党同伐异，一言不合就诉诸语言暴力、人身攻击甚至人肉搜索，恰恰证明他们其实根本不想让别人说话，说跟他们观念主张不同的话。君不见，在女性相关的热搜下，极端"女拳"掀起无差别辱骂；在关于"键政"的讨论中，"神友"疯狂人肉搜索与其观点相左之人；打榜应援时，"饭圈"抱团出击，互黑互撕刷屏……这些非理性的语言暴力，令极化情绪不断扩大，压制理性声音形成"沉默的螺旋"。这也从另一个层面说明，舆论场里的自由表达和充分讨论，必须以意见参与者的理性、平和、包容为前提。若任由一些"喷子"以极低成本制造情绪对立，助长"恶性互动"，结果是相当危险的。

现象级问题，必有现象级原因。制造极化对立、热衷搅弄风云的背后，既有宣泄情绪"出口成脏"的戾气，也少不了流量生意打拳带货的影子。"逢题必撕、逢事就骂"的操作，往往成为拉升粉丝量、曝光度、注意力的爆点，"黑红也是红""臭名也是名"，源源不断转化为真金白银。更要看到的是，很多平地风浪，已不再是个体力量所能策动，"有组织带节奏"绝非危言耸听。竭力操弄使一国社会在各个层面的议题上都极尽撕裂和对立起来，最大限度消解共识，进而阻遏该国发展，制造矛盾动荡，这样卑劣阴诡的"黑手"，当引起充分警惕。

健康的互联网，理应成为弥合分歧的意见场，而不能成为制造矛盾的流水线。在这个问题上，网络平台作为信息内容管理的第一责任主体，必须负起"把关人"责任。对那些人肉网暴、造谣传谣、挑事生非、煽动对立者，该禁言禁言，该封号封号，变事后追责为提前预防，变线上清理为惩治到人。与此同时，更要亮出"法治利剑"。我国刑法、民法典、个人信息保护法等对保护公民个人隐私、信息安全、名誉等做出明确规定，但"违法成本低、维权成本高""门槛高、自诉难"等问题仍客观存在。对此，从"德阳女医生遭网暴自杀案"，到"女子取快递遭诽谤案"，目前已有不少检察院提起公诉的实践，展现出在打击网暴上更为主动的姿态，必将给宵小之徒更多震慑。

网络空间的环境生态如何，深度影响每一个人，更依靠着每一个人。审慎思考、理性表达，警惕成为别有用心者的"韭菜"和工具，共同营造愈加清朗的虚拟世界，受益的将是我们所有人。

（《北京日报》，2022年4月15日）

【一句话评论】义正词严的呼声。

【范例100】

肃骂杀捧杀之乱象，倡风清气正之文艺评论

"好处说好，坏处说坏"原本是文艺评论的道德"底线"。但事实上，因为利益和偏好而对文艺作品进行无原则吹捧和无根据棒打的现象却总是存在的。鲁迅在文章《骂杀与捧杀》中就批评过这种"骂"与"捧"的乱象，并指出"批评的失了威力，由于'乱'，甚而至于'乱'到和事实相反"。现在，随着互联网和新媒体的发展，文艺评论的传播渠道越来越多，文艺评论的传播方式也越来越丰富，人人都是评论者成为现实，公号、微博、短评、短视频、评分、跟评、弹幕等，构成文艺评论的大千世界。由于受到各种利益、动机、个人偏见、商业竞争的驱动，骂杀和捧杀现象常常出现。其恶果在于，扰乱文艺评论的生态，混淆观众和读者的视听，引发种种人为的

对立和冲突。这几乎可以说是文艺界的公害，不仅影响到创作生产者的利益，而且也伤害了观众和读者的权利。

这种骂杀和捧杀，其共同点是只顾利益、只讲立场、罔顾事实、罔顾理性。有的对文艺作品过度拔高，甚至举劣为优，"艺术创新""史诗""才华横溢""艺术高峰""爆款""黑马"等帽子满天飞，背后其实反映的往往是票子、圈子、面子这所谓"三子"的利益；有的则是对文艺作品大打出手，指责作品一无是处，而事实上剧集才刚刚开播、电影还没有上映，他们只是根据演职员名称、幕后消息、映前广告、第一印象等就盖棺论定，背后反映的往往是个人好恶、博眼球动机和种种不可告人的商业利益。与此相关，还有完全主观的选边刷高分，也有故意的选边刷低分，党同伐异、硝烟弥漫，造成评论生态的种种不健康乱象。创作者们深恶痛绝，观众读者嗤之以鼻。

凡有利益的地方，就必然有争斗，杜绝骂杀和捧杀乱象恐怕很难。但是骂杀和捧杀之风却应当而且可以受到抑制，让它即便存在，但是无效；即便有效，效果也有限。所以，第一，还是要提倡评论者和传播者自律。骂杀、捧杀能够得益于一时，但将失信于一世。评论者、传播者，甚至提供传播的平台，最终都会因失信而失去立身之本。第二，需要建立评论的奖罚体系。创作生产机构可以用法律维护自己正当的"名誉权"，平台也可以通过技术鉴定、用户举报、事实查证进行相应处理，更要有意识地抵制流量冲动，限制这些内容冲"热搜"、上"头条"。相关管理部门也不要被这些骂杀捧杀的评论所干扰和胁迫，而是尊重、维护、推荐、树立理性、专业评论和评论家的权威，用对风清气正的奖励来抵制骂杀捧杀的得逞。第三，要开展批评与反批评。真理越辩越明，有谬误就需要澄清。无论是传统媒体或是自媒体，要积极开展文艺批评和文艺争鸣，这种批评和争鸣不是剑拔弩张的"角斗"，而是实事求是的讨论。有争论就有比较，有比较就有判断。这也是学术民主、批评民主的一种体现。

当然，我们应该认识到，骂杀和捧杀的现象虽然常见，但是真正被"骂死"的好作品和被"捧火"的差作品却几乎没有。或者说，"骂"和"捧"即便一时得逞，但最终会成为笑柄。有的作品，营销吹破了天，两三天之内就被观众所唾弃；还有很多作品被各种座谈会夸成一朵花，结果票房还不及影院放映的成本，只能不了了之；也有一些作品，被水军"黑"、被动机不纯者批，但观众却用脚投票、用票房支持，票房逆袭的现象频繁发生。究其根本，还是观众和读者获得信息的渠道越来越多样，人们鉴别信息的能力越来越强。所以，纸很难包住火，真金也不怕火炼。从这个意义上说，好作品湮没不了，差的作品也升不了天。一方面，通过各种制度、措施、争鸣，我们要抑制骂杀捧杀乱象；另一方面，我们要为理性、专业、独立的评论提供舞台。我们相信，在这种"正与反"的较量中，在对媒介素养和评论素养的普及中，越来越多的观众和读者会练就"火眼金睛"，不会忽略一部好作品，也不会迷惑于一部坏作品。在人人都是评论家的时代，"老百姓心里有杆秤"。

（《光明日报》，2021 年 8 月 16 日）

【一句话评论】邪不压正，道理拎清。